Johannes Kübeck

Zwischen den Zeilen
Steirische Zeitgeschichte im Rückspiegel

Johannes Kübeck

Zwischen den Zeilen

Steirische Zeitgeschichte im Rückspiegel

Eingeständnis

Liebe Leserin, ich begebe mich ganz in Ihre Hände. Denn dieses Buch ist nicht gegendert. Verstehen Sie das nicht als Missachtung Ihres überragenden Geschlechts, als Verstoß gegen Anstand und Sitte oder als Verrat an der Moderne. Doch seien Sie großmütig zur anderen Hälfte der Menschen, die dieses Buch zur Hand nimmt. Sie ist nicht so flexibel, verständnisvoll, verehrenswert, charmant und klug wie Sie. Danke.

Lieber männlicher Leser, bevor Sie dieses Buch aufschlagen, machen Sie einer Frau eine dankbare Geste. Einzig der Klugheit und Großmut ihres Geschlechts verdanken Sie es, dass dieses Buch nicht gegendert geschrieben ist.

Impressum

Projektleitung/Redaktion: Anneliese Kainer
Fotografien: Marija Kanižaj (Cover), Peter Philipp (S. 77, 100),
APA/Scheriau (S. 136), Elmar Gubisch (S. 150),
Adolf Horst Plankenauer (S. 168)
Korrektorat: Josef Majcen

Layout und Umschlag: Ernestine Kulmer/studio bleifrei, Graz
Druck und Bindung: Birografika Bori, Ljubljana, Slowenien

© 2015 Edition KLEINE ZEITUNG
     Anzeigen und Marketing Kleine Zeitung GmbH & Co KG
     A-8010 Graz, Gadollaplatz 1

Alle Rechte vorbehalten!

ISBN 978-3-902819-54-3

Inhaltsverzeichnis

Trotzdem Journalist	9
Die Krise formt ein Land	27
Erfolg auf steirisch	65
Migration und was wirklich wichtig ist	83
Politik im Banne der Populisten	101
Wahl zum Landtag 2015: Die Scheidung	137
Bauern am Rande der Gesellschaft	151
Der ganze Mensch Johannes K.	169
Personenregister	182

Für meine allerliebste Belli

Vorwort

Was spielt sich ab zwischen dem Journalisten und dem Zeitungsleser? Genügt es, nach bestem Wissen und Gewissen Berichte und Kommentare zu verfassen, oder ist da mehr? In fast 43 Berufsjahren, davon 38 bei der *Kleinen Zeitung,* habe ich das sichere Gefühl entwickelt, dass da mehr ist. Diese Gewissheit wuchs in herzlichen Gesprächen in dörflichen Runden, in hitzigen Debatten in politischen Zirkeln und in düsteren Momenten mit Menschen in Existenznot.

Auf der Suche nach Begegnungen hat mich die Neugier in Fabrikshallen und Büroräume, auf Bauernhöfe und in Landgasthäuser, in Paläste und Bierzelte, in Parlamente und Parteizentralen, zu Demonstrationen und Begräbnissen und in die EU-Hauptstadt Brüssel geführt. Dabei erlebte ich die Sonnenseiten dieses Berufes, nämlich nahe an wichtigen Ereignissen und Personen zu sein, Entwicklungen verstehen zu lernen und Prozesse so wiederzugeben, dass möglichst viele Leser damit etwas anfangen können.

Die Sonnenseiten des Berufes verdanke ich der Führung und den Kollegen in der *Kleinen Zeitung,* weil sie mir so manchen meiner journalistischen Seitensprünge durchgehen ließen. Ich erlebte ein so hohes Maß an Freiheit und Entfaltungsmöglichkeit, wie es nicht selbstverständlich ist.

In diesem Sinne ist dieses Buch ein Dank an meine Leser und ein Vergelts Gott an die *Kleine Zeitung.*

Das erste und einzige Mal auf dem Titelblatt der *Kleinen Zeitung*: 1961 fromm vor dem Hl. Nikolaus (ganz links, der größte der Buben).

Trotzdem Journalist.

„Ein Journalist ist einer, der nicht weiß, welchen Beruf er verfehlt hat." Dieser Satz von Karl Farkas, einem großen Wiener Kabarettisten des 20. Jahrhunderts, vereint auf geniale Weise Witz und Weisheit. Ich habe mich immer wieder an ihn erinnert und bin sehr froh, dass ich als Berichterstatter bei der *Kleinen Zeitung* gelandet bin. Was mich betrifft, hat Farkas in gewisser Weise recht. Ich bin auch einer jener Journalisten, die nicht geradlinig zu diesem Beruf kamen.

Dabei war ich schon als Achtjähriger auf der Titelseite der *Kleinen Zeitung*. 1961, in Farbe! Das Blatt hatte damals samstags einen farbigen Umschlag, und am 2. Dezember zeigte es vier Buben, die mit andächtig gefalteten Händen und mit ehrfürchtigen Mienen vor dem Heiligen Nikolaus stehen. Ich habe keine Ahnung, durch welche Umstände zwei meiner Cousins, einer meiner Brüder und ich damals für dieses Titelfoto der *Kleinen Zeitung* ausgewählt wurden.

Dieses Foto hat mit meinem späteren Beruf so wenig zu tun wie der Satz des Kabarettisten. Jedenfalls bin ich bei der *Kleinen Zeitung* gelandet. Fast 40 Jahre treibt mich nicht nur die Neugier des Berichterstatters an, sondern auch das, was ich „die Suche nach meinen Lesern" nenne. Mich beschäftigt immer wieder aufs Neue die Frage: Wer sind meine Leser? Wie finde ich sie, wie lerne ich sie kennen, wie komme ich in Kontakt mit ihnen? Was interessiert sie, für welche Geschichten sind sie empfänglich? Wie kann ich sie an das heranführen, was ich für wesentlich halte? „Meine leibhaftigen Leser", nenne ich sie manchmal. Seufzend, weil sie so schwer greifbar sind. Es ist natürlich sinnlos, jeden einzelnen Leser aufzuspüren. Die *Kleine Zeitung* erscheint täglich in Graz und Klagenfurt mit rund 280.000 gedruckten Exemplaren und erreicht damit 2015 bis zu 750.000 Leser. Dazu kommt die riesige Zahl der Interessierten auf den digitalen Plattformen der *Kleinen Zeitung*. Ganz nahe am konkreten Leser zu sein ist leider die Ausnahme – und es kann gar nicht anders sein.

Kleine Zeitung – Auftrag und Programm

Die *Kleine Zeitung* trägt einen Namen, den man Menschen erklären muss. Wer das Blatt nicht kennt, könnte eine falsche Vorstellung bekommen, was sich hinter dem bescheidenen Namen verbirgt. Kurt Vorhofer, der Pionier und langjährige Leiter der Wiener Redaktion des Blattes, hat oft von einer Episode mit dem Ministerpräsidenten Chinas, Zhou Enlai, erzählt. Um das Jahr 1970 war Vorhofer einer der ersten westlichen Journalisten, die das kommunistische China besuchen durften. Er wurde in Peking dem Ministerpräsidenten Enlai vorgestellt, und der Dolmetscher nannte auch den Namen des Blattes, für das Vorhofer schrieb. Zhou Enlai sagte meinem späteren Kollegen daraufhin so etwas wie: „Die *Kleine Zeitung* wird schon größer werden."

Die *Kleine Zeitung* ist größer geworden, nämlich die führende Tageszeitung in den österreichischen Bundesländern Kärnten und Steiermark und nach der verkauften

Auflage die zweitgrößte Tageszeitung Österreichs. Ihr Name ist für mich und viele Kollegen Auftrag und Programm; er wurde Überzeugung und Verpflichtung. In einer Zeit, als Zeitungen eher elitäre Schichten ansprachen, wollten die Gründer der *Kleinen Zeitung* Anfang des 20. Jahrhunderts bewusst ein Blatt für ein breiteres Publikum schaffen. Ihre Nachfolger sind dieser Linie treu geblieben, und so wurde die *Kleine Zeitung* ein bemerkenswerter Erfolg. Dieser geht heute weit über die Grenzen einer auf Papier gedruckten Zeitung hinaus. Er erstreckt sich längst auch auf alle digitalen Plattformen und ist der Kern des Medienhauses Styria Media Group, die von Graz aus Zeitungsverlage, Internet-Plattformen sowie TV- und Radiostationen in mehreren Ländern verantwortet.

Der Trumpf der *Kleinen Zeitung* ist die große Nähe zu den Lesern, die andere Medien nicht schaffen – und oft nicht schaffen wollen. Gerade ein Blatt von ihrem Zuschnitt und mit diesem doch relativ kleinen Verbreitungsgebiet lebt von einer emotionalen, einer geradezu persönlichen, engen Bindung an seine Leser. Sonst ist sie nur Medium, eine Art unpersönlicher Mittler von Nachrichten. Das gilt besonders für eine Abonnementzeitung. Die *Kleine Zeitung* wird zu weit mehr als 90 Prozent im Abonnement verkauft, das ist ein erstaunlicher Wert.

Als Gast am Frühstückstisch

Jeder Abonnent hat sie spätestens um halb sechs Uhr früh vor der Wohnungstür liegen. Es gibt kaum etwas Intimeres, als mit einem Menschen den Frühstückstisch zu teilen. Und genau das tut die *Kleine Zeitung*. Sie sieht in der Früh gewissermaßen, wie der Leser sie im Schlafanzug und mit verklebtem Haar von der Fußmatte vor der Wohnungstür aufhebt und in die Wohnräume trägt. Wer erlebt denn schon die Menschen zu dieser Tageszeit, in dieser Aufmachung? Die *Kleine Zeitung* ist Gast am Frühstückstisch und mit ihren Inhalten dort vielleicht ein Teil der Kommunikation. Was gibt es Neues? In welches Kino gehen wir am Abend? Hast Du gesehen, der Sowieso hat geheiratet. Was in der Zeitung steht, ist oft Gesprächsthema im morgendlichen Familienkreis. Also sitzt der Journalist gewissermaßen virtuell am Frühstückstisch des Lesers. Diese Nähe ist ein Teil der Verantwortung der Zeitung, ihrer Bindung an die Leser und der Faszination dieses Berufs.

Vor dem Journalismus

Es gibt einige frühe Erlebnisse, die entfernt auf meine spätere Berufung hindeuten. Die Nachricht von der Ermordung John F. Kennedys im November 1963 hat mich Zehnjährigen zum Beispiel aufgewühlt. Einige Jahre später bekam ich eine Ausgabe des amerikanischen Magazins LIFE in die Hand, in der alle Stationen dieses Ereignisses und die Hintergründe sehr ausführlich beschrieben wurden. Ich war fasziniert von dieser Art Journalismus, der mir völlig neu war und den es damals in Österreich noch nicht gab. Und ich war frustriert von meinen noch schlechten Englischkenntnissen. Mithilfe eines Wörterbuches übertrug ich die Berichte ins Deutsche, um sie ganz zu verstehen. Das Ergebnis war für mich nicht ganz befriedigend, aber die Faszination über diese Artikel habe ich heute noch in Erinnerung.

Ich war ein Bücherwurm, und in der Schule machte mir das Schreiben Spaß. Dass aus der Lust, mich mitzuteilen, einmal mein Beruf werden könnte, kam mir aber nicht in den Sinn. Beim Militär verschaffte mir das Schreiben sogar ein Erfolgserlebnis. Im Sommer 1972 überredete mich der dienstführende Unteroffizier meiner Einheit in der Klagenfurter Windischkaserne, bei einem Aufsatzwettbewerb des Verteidigungsministeriums mitzutun. Das Thema war der Freihandelsvertrag, den Österreich damals mit der EWG, der Europäischen Wirtschaftsgemeinschaft, abschloss. Das war ein wesentlicher Schritt zur Integration Österreichs in Europa. Ich machte mich mit dem Thema vertraut, indem ich Zeitungen und Fernsehnachrichten aufmerksam las. Der Beitrag wurde sogar ausgezeichnet, ich bekam eine Urkunde des damaligen Verteidigungsministers Karl Lütgendorf und einen kleinen Golddukaten.

In meine Zeit beim Bundesheer fiel auch ein Erlebnis, das eine gute journalistische Story abgegeben hätte. Im Herbst 1972 wurde mir durch die Berichte der Medien bewusst, dass die politische Situation in Kärnten brisant geworden war. SPÖ-Bundeskanzler Bruno Kreisky hatte entschieden, dass in Kärntner Orten mit Slowenisch sprechenden Bürgern gemäß dem Staatsvertrag von 1955 zweisprachige Ortstafeln aufgestellt werden müssten. Das löste in Kreisen nationalistisch gesinnter Deutsch sprechender Kärntner einen Sturm der Empörung aus. Ich erinnere mich an einen Abend, als ich mit meinen Kameraden – sie waren alle Kärntner – in unserer Stube in der Kaserne in Klagenfurt saß und wir über dieses Thema sprachen. Verwundert fragte ich im Verlauf des Gesprächs, was denn so schlimm daran sei, wenn diese Schilder zweisprachig wären. Wie als Antwort auf diese Frage verpasste mir im nächsten Moment einer der Kameraden eine Ohrfeige. Ich war perplex, verstand aber, dass eine Gegenwehr oder der Auftakt für eine Rauferei nichts bringen würde. Aber es war klar, dass es hier tief sitzende kärntnerische Befindlichkeiten geben musste. Im Kreis der Kameraden wurde ich nicht schlauer, aber ich begann, die Dinge aufmerksamer zu verfolgen.

Als Steirer im Kärntner Ortstafelsturm

Anfang Oktober 1972 nahmen die Dinge für mich eine bedeutende Wende. Der Kommandant der Windischkaserne, Oberst Georg Schramayer, ein erfahrener Offizier, befahl alle Wehrmänner und Soldaten, die keine Kärntner waren, zum Rapport. Das war ein sehr ungewöhnlicher Vorgang. Was war los? Hatten wir etwas ausgefressen? Der Offizier winkte ab und sprach ganz offen zu uns. Wir seien die Einzigen in der Kaserne, auf die er sich in den nächsten Tagen verlassen könne, weil mit den Kärntnern sei wegen der politischen Stimmung im Zusammenhang mit den Ortstafeln nicht zu rechnen. Er teilte uns in kurzen Worten mit, dass rund um den 10. Oktober – dem Jahrestag der Kärntner Volksabstimmung des Jahres 1920, bei der es darum gegangen war, ob das Land als Ganzes bei Österreich bleibt oder nicht – einige Unruhen in Klagenfurt und rund um die Kaserne zu erwarten seien. Wir müssten die nächsten Tage alle Dienste in der Kaserne verrichten, also die Wache am Tor, die Kontrollgänge und die Aufsicht in den Unterkünften. Wir sollten uns darauf einstellen, dass in den Nachtstunden wahrscheinlich emotionalisierte und betrunkene Unteroffiziere, Chargen und Wehrmänner verbotenerweise über die Zäune der Kaserne klettern würden. Statt diese Leute, wie es eigentlich unsere Pflicht wäre, festzunehmen, sollten wir sie einfach ignorieren und allenfalls sicher in die Unterkünfte geleiten.

Die Offenheit und das Vertrauen des hohen Offiziers machten auf uns junge Männer großen Eindruck. In den folgenden Tagen passierte das, was später als „Ortstafelsturm" Eingang in die Geschichtsbücher fand. Erboste, von deutschnationalem Gedankentum fanatisierte und oft betrunkene Kärntner Bürger demontierten eines Nachts Anfang Oktober die neu aufgestellten zweisprachigen Ortstafeln in den südlichen Landesteilen und transportierten sie wie im Triumphzug nach Klagenfurt, wo sie öffentlich vernichtet wurden. An unserer Kaserne führte eine der wichtigsten Straßen ins Stadtinnere vorbei, wir konnten die Vorgänge genau beobachten. In den Nachtstunden erlebten wir genau das, was uns Schramayer angekündigt hatte. Mit Mühe konnten wir wachhabenden Nichtkärntner die schwer emotionalisierten und alkoholisierten Unteroffiziere und Chargen in ihre Unterkünfte bugsieren und die Ordnung in der Kaserne aufrechterhalten.

Der Anfang beim ORF

Mein eigentlicher Weg zum Journalismus begann gleich nach dem Ende der Militärzeit. Ich lernte beim Skifahren den ORF-Redakteur Anton F. Gatnar kennen, der mir vorschlug, es doch als Journalist beim ORF zu probieren. Einen Monat nach Ende meines Militärdienstes salutierte ich Ende Februar 1973 also beim ORF in Wien auf, und zwar in der Wirtschaftsredaktion, und ohne viele Formalitäten begann mein Berufsleben als Journalist. So einfach war es Anfang der Siebzigerjahre, einen Beruf zu ergreifen. Wenn ich daran denke, wie schwer es heute die jungen Menschen haben, bekomme ich fast ein schlechtes Gewissen.

Den ORF erlebte ich in einer spannenden Phase, weil Generalintendant Gerd Bacher gerade eine tief greifende Erneuerung der Strukturen umsetzte. Diese Reform hatten führende unabhängige Blätter, darunter die von Chefredakteur Fritz Csoklich geführte *Kleine Zeitung*, durch ein Volksbegehren in Gang gebracht, um den Staatsrundfunk aus den Fängen der Parteipolitik zu befreien. Ich kam als Aspirant in die Wirtschaftsredaktion, die ein faszinierendes, buntes Team war, angeführt von Ernst-Werner Nussbaum, einem überragenden Journalisten. In den frühen Jahren der Regierung Bruno Kreisky mit ihren hohen Wachstumsraten, mit dem Ende der festen Wechselkurse und der ersten Ölkrise bekam die Wirtschaftsberichterstattung aller Medien überhaupt erst einen Stellenwert. In der ORF-Wirtschaftsredaktion fand damals eines der interessantesten Experimente der österreichischen Medienszene statt, nämlich die „bimediale" Arbeit sowohl für das Radio als auch für das Fernsehen. Der Wirtschaftsredakteur besuchte beispielsweise am Vormittag eine Pressekonferenz mit einem Tonmeister und einem Kamerateam und berichtete davon aus einem Sendewagen live für das Mittagsjournal des Radios. Anschließend fuhr er ins damals neue ORF-Zentrum auf dem Wiener Küniglberg, um aus seinem Material einen Fernsehbeitrag für die abendliche „Zeit im Bild" zu erstellen.

Es ist für mich ein Aha-Erlebnis, dass in meiner letzten Berufszeit in der *Kleinen Zeitung* multimediales Arbeiten erneut in den Vordergrund rückte. Auch in der *Kleinen Zeitung* des Jahres 2015 bringen die Redakteure ihre Geschichten sowohl in der gedruckten Zeitung als auch auf den digitalen Plattformen im Internet unter, oft auch in Form von Videos oder Livesendungen.

Die Elite der Journalisten

Als ORF-Journalist dieser Jahre – und besonders als junger Mann – wurde man zum Elitedenken geradezu erzogen. Natürlich war klar, dass wir Fernsehen und Radio für die Bürger machten, aber wir verstanden uns als journalistische Elite und handelten danach.

Das Elitedenken hat auch sicher deshalb niemand hinterfragt, weil der ORF ein öffentlich-rechtliches, durch Gesetze geregeltes und durch gesetzlich verordnete Gebühren seiner Kunden finanziertes Unternehmen war, das im Radio und im Fernsehen das Monopol in Österreich innehatte. Er verstand seinen Auftrag so, dass zumindest bei den Informationssendungen keine Rücksicht auf den Publikumsgeschmack genommen werden müsste, sondern die Qualität der Berichterstattung über alles zu stellen sei. Ich erlebte die wirklich wunderbare Arbeit meiner hervorragenden Kollegen und ihr Bewusstsein, dass sie zu den besten Journalisten des Landes zählten. Da waren geringere Ansprüche einfach nicht zulässig.

Parteibuch – ja oder nein

Das machte auf mich Eindruck, war ich doch bei meinem Eintritt in den ORF gerade 20 Jahre alt. Ich erlebte die Faszination, so nah an wichtige Persönlichkeiten heranzukommen und bedeutende Entwicklungen zu begleiten. Die Ära Kreisky ab 1970 war auch eine Zeit, in der sich das Verhältnis zwischen Politikern, Funktionären und den Medien entkrampfte. Sozialdemokratische Persönlichkeiten der SPÖ wie Kreisky, Finanzminister Hannes Androsch oder Handelsminister Josef Staribacher pflegten mit Journalisten einen ganz anderen, weltoffenen Umgang als die meisten ihrer konservativen Vorgänger von der ÖVP.

Ich schwelgte in den Möglichkeiten, die Menschen und die Ereignisse zu beobachten und darüber zu berichten. Der Ehrlichkeit halber verschweige ich nicht, dass ich im ORF in zweieinhalb Jahren die Nervosität vor dem Mikrofon nie ablegen konnte. Ich war und bin ein besserer Schreiber als Redner. Nachdenklich machte mich, dass der Einfluss der politischen Parteien im Staatsrundfunk wieder stark zunahm. Ich war ein junger Aspirant mit einem befristeten Dienstverhältnis, doch offenbar trotzdem von Interesse für das Personal der Parteizentralen von SPÖ und ÖVP. Die einflussreichen Pressesprecher dieser damals großen Parteien bearbeiteten mich ausgiebig, doch einer Partei beizutreten oder ein anderes eindeutiges Bekenntnis abzulegen. Diese Faktoren brachten mich mit meinen damals 22 Jahren zum Entschluss, den ORF Ende 1975 zu verlassen.

An der Seite Erwin Zankels

Kontakte zur *Kleinen Zeitung* in Graz hatte es bereits gegeben, und 1976 begann meine Arbeit unter der Führung Erwin Zankels und bald an der Seite Reinhold Dottolos, die Wirtschaftsberichterstattung des Blattes aufzubauen. Die Rückkehr von Wien in meine Heimatstadt Graz zur *Kleinen Zeitung* fiel mir leicht. Die enge Bindung der Redaktionen in Graz an ihre Leser war eine neue, sehr interessante Erfahrung für mich. Sie prägt seither meine Arbeit wesentlich.

Dieses Grundverständnis der Redaktion und ihrer Führung drückte sich auch in Form einer großen Freiheit für uns aus. Redaktionsmitglieder durften unter der Ägide des langjährigen Chefredakteurs Fritz Csoklich und seines Stellvertreters und Nachfolgers Kurt Wimmer praktisch alles tun, wenn sie es nur gut machten. Das Blatt verstand sich nicht als reines Nachrichtenportal, sondern als Begleiter der Menschen durch das Leben. Angefangen vom täglichen Fortsetzungsroman bis zu Initiativen, welche die Steiermark und besonders die Stadt Graz geprägt haben. Der jährliche große Faschingsumzug war das Resultat kleiner, aber feiner Anfänge gegen einen humorlosen Alltag. Die *Kleine Zeitung* kämpfte erfolgreich dafür, dass die Grazer Innenstadt nicht dem Autoverkehr geopfert wurde. Sie mobilisierte die Menschen, die Gefahr durch Krebserkrankungen ernst zu nehmen. Ich habe selber erlebt, wie die Zeitung an der Seite der Steirer war, die unter den Folgen des nie versiegenden Transitverkehrs quer durch das Land litten. Sie startete eine wirksame Kampagne für die Sauberkeit der Mur, des größten Flusses der Steiermark, dessen Wasserqualität durch Emissionen der Industrie extrem gefährdet war. Namen wie Max Mayr, Helena Wallner, Gerhard Torner, Bernd Olbrich, Christian Weniger oder Bernd Hecke bezeugen das enge Verhältnis der Zeitung zu den Lesern. Die *Kleine Zeitung* war auch das erste österreichische Blatt, das einen Ombudsmann einrichtete. Dazu kam das von Kurt Wimmer hochgehaltene Niveau der Kulturredaktion. So konnten Männer wie Karl-Hans Haysen, Peter Vujica, Horst-Gerhard Haberl oder Frido Hütter sich auch zu prägenden Persönlichkeiten in kulturellen Institutionen entwickeln.

An dieser Stelle kann ein Blick hilfreich sein, wie das mediale Umfeld dieser Zeit aussah. Als ich bei der *Kleinen Zeitung* begann, gab es für den typischen Steirer genau neun Möglichkeiten, das Tagesgeschehen in den Medien zu verfolgen: drei Radio- und zwei Fernsehprogramme des ORF und vier Tageszeitungen: die Kleine, die Krone, die Neue Zeit der SPÖ und die Südost-Tagespost der ÖVP. Die überregionalen Zeitungen lasse ich bei dieser Aufzählung ebenso weg wie Zeitschriften und Magazine. Auch wir Journalisten hatten viel geringere Möglichkeiten als heute, uns Informationen zu beschaffen oder Nachrichten auf ihren Wahrheitsgehalt zu prüfen.

Über den damaligen Arbeitsalltag vieler Kollegen gab es einen kleinen scherzhaften Vers: „APA, Kuli, Pick und Scher' – fertig ist der Redakteur." Die Meldungen der Austria Presseagentur – kurz APA – tickerten in langen Papierschlangen aus einem ratternden Drucker. Manche Journalisten haben Textteile mit der Schere ausgeschnitten, sie auf Papier geklebt und Teile des Inhalts entweder weggestrichen oder handschriftlich eigene Aufzeichnungen hinzugefügt. Der endgültige Text gelangte per Rohrpost in die Setzerei, wo er in die Setzmaschine getippt wurde, die ihn in bleierne Zeilen verwandelte.

Leserbriefredakteur und Zimmernachbar

Die große Freiheit der Redakteure lernte ich kennen, als Fritz Csoklich mich beauftragte, neben meiner Arbeit als Wirtschaftsredakteur die Leserbriefe zu betreuen. Auf einmal öffnete sich mir die Welt der Leser auf besondere Weise, ihre Anliegen, ihre Emotionen und ihre Schrullen. Es war auch eine gute Schule, Handschriften von Leuten zu entziffern, die Jahrzehnte zuvor das Schreiben erlernt hatten. Dieser direkte Kontakt zu den Lesern hat meine Arbeit als Berichterstatter stark beeinflusst. Ich erkannte nun, dass die Menschen nicht nur an Informationen über Ereignisse interessiert waren, sondern auch eine Orientierung wollten, warum sich Dinge entwickelten. Gerade in der Stahlkrise der Siebziger- und Achtzigerjahre, die meine ersten Jahre bei der *Kleinen Zeitung* prägten, war das eine wichtige Richtschnur für die Arbeit geworden.

Ende der Achtzigerjahre wechselte ich in die innenpolitische Redaktion und erlebte wieder spannende Zeiten. Mit der Rückkehr der ÖVP in die Bundesregierung 1986/87 hat ein Jahrzehnt der Reformen in Österreich begonnen. Viel Stillstand, der das Ende der Kreisky-Jahre und die kurz amtierende kleine Koalition von SPÖ und FPÖ geprägt hatte, wurde unter dem Druck der Verhältnisse überwunden. Höhepunkt war sicher der EU-Beitritt Österreichs 1995. Auch das Erstarken der FPÖ unter Jörg Haider und das Aufkommen der Grünen spielten eine Rolle. Das alles prägte meine aktuelle Arbeit stark.

Die besten Bauern der Steiermark

Das lebendige Umfeld animierte mich, die aktuelle Berichterstattung über die Innen- und Landespolitik um etliche andere Bereiche auszuweiten. Die Landwirtschaft war gerade rund um den EU-Beitritt ein wichtiges und journalistisch auch lohnendes Thema. Aber ich wollte nicht nur über Ernten, Milchpreise, Subventionen oder EU-Maßnahmen berichten, sondern die Menschen in den Vordergrund stellen. Da spürte ich bei meinen ansonsten guten agrarischen Informanten eine gewisse Zurückhaltung, eine Scheu, einzelne Landwirte besonders herauszustellen. Wahrscheinlich witterten sie den Neid der Pflichtmitglieder der Landwirtschaftskammer. Wahrscheinlich auch zu Recht. Ich musste solche Rücksichten nicht nehmen und habe mein groß gewordenes Netzwerk an bäuerlichen Informanten 2001 zu einem Paukenschlag genützt. Die mehrteilige Serie „Die besten Bauern der Steiermark" war für die Leser der *Kleinen Zeitung* etwas völlig Neues.

Die Serie „Hallo Nachbar"

Daraus entwickelte ich eine ziemlich neuartige journalistische Ausdrucksform, die Serie „Hallo Nachbar", in der ich Frauen und Männer mit beispielhaften Eigenschaften vorstellte. Menschen, die Lebensumstände auf besondere Art meisterten oder einfach stille Helden des Alltags sind. Der Serie in der *Kleinen Zeitung* gab ich den doppelbödigen Zusatz „Die besten Seiten unserer Leser". Damit meinte ich sowohl die Papierseiten der Zeitung als auch die vielen guten Seiten unserer Leser. In diesem Sinne forderten wir sie auf, Vorschläge aus ihrem Bekanntenkreis zu machen, damit ich diese Menschen porträtiere. Damit erreichte „Hallo Nachbar" ein wichtiges Ziel, dass sich nämlich viele Menschen in der *Kleinen Zeitung* wiederfanden.

Ich habe mich dieser Serie neben meiner aktuellen Arbeit in der politischen Redaktion gewidmet und viel Echo erfahren. Da war eine Frau, die auf dem Grazer Schloßberg herrenlose Katzen füttert, ein Mesner der Basilika von Mariazell, der die herrliche Weihnachtskrippe liebevoll betreut, oder die Mutter eines behinderten Kindes, die in einem wenig günstigen sozialen Umfeld Großartiges leistet. Sehr beeindruckend war die Begegnung mit einem Mann, der durch einen Unfall in seiner Jugend an den Rollstuhl gefesselt war und erkannte, dass sein

Hauptproblem der Mangel an Kommunikation war. Er machte energisch seine milieubedingten Bildungsmängel wett und begann Bücher zu schreiben. Ich porträtierte ihn als Helden des Alltags in meiner Serie, es mag einer der Höhepunkte seines Lebens gewesen sein. Einige Monate später erfuhr ich, dass er sich wegen einer bevorstehenden Operation das Leben genommen hatte. Er glaubte wohl, es könne ihm nicht mehr viel bieten. Die Serie hat mich vielen interessanten Menschen und Entwicklungen nahe gebracht.

Das Ende der Serie „Hallo Nachbar" war gekommen, als der neue Chefredakteur Hubert Patterer dem Blatt optisch und inhaltlich eine neue, sehr gelungene Form gab. Die *Kleine Zeitung* stellt seither jeden Tag einen „Steirer des Tages" oder „Kärntner des Tages" vor, einen Helden des Alltags oder auf andere Weise besonderen Menschen. Mehr als 360 Mal im Jahr haben die Leser jetzt die Möglichkeit, nicht nur von den Größen der Politik, der Wirtschaft, des Sports oder der Kultur zu erfahren, sondern auch die Menschen von nebenan kennenzulernen.

Ein Prinz und ein Presseclub

2009 konnte ich durch die vielen Interessen und Kontakte den Lesern ein weiteres besonderes Angebot machen. Das war das 150. Todesjahr des Erzherzogs Johann von Österreich, dem die Steiermark und seine Menschen tatsächlich viel zu verdanken haben. Der Enkel der legendären Kaiserin Maria Theresia, Sohn des aufgeklärten Kaisers Leopold II. und Bruder des weniger aufgeklärten Kaisers Franz war ein Reformer und Menschenfreund, der Unschätzbares für das Land und die Leute leistete.

Mit Unterstützung des Chefredakteurs Hubert Patterer brachte ich in einem großen Schwerpunkt der *Kleinen Zeitung* diesen bedeutenden Mann und seine Leistungen und seine Zeit den Lesern nahe.

Die Arbeit für die *Kleine Zeitung* führte mich zum Steirischen Presseclub. Dieser verbindet Journalisten, Pressereferenten und Angehörige der Kommunikationsbranche, die ihre Arbeit reflektieren wollen. An der Schnittstelle von Medien, Politik und Wirtschaft ist der Presseclub nicht nur der wichtigste Ort für Pressekonferenzen in Graz, sondern setzt auch Akzente durch eigene Veranstaltungen. Ich vertrat dort nach Erwin Zankel die Interessen der *Kleinen Zeitung* und führte den Steirischen Presseclub von 2003 bis 2012 als Präsident.

Am Bügelbrett in Brüssel

Die Großzügigkeit und die Ermutigung der Redaktionsleitung regten mich also zu zahlreichen journalistischen Ausflügen an, die nicht unmittelbar mit meiner konkreten Aufgabe in der politischen Redaktion zu tun hatten. 2012 fügte ich der Arbeit eine weitere Facette hinzu. Ich wurde Europakorrespondent der *Kleinen Zeitung* in Brüssel und lernte eine für mich neue, ungemein fesselnde Seite und eine neue Dimension meines Berufes kennen. Von der steirischen Landeshauptstadt in die Hauptstadt Europas zu übersiedeln war für mich als Journalist und als Mensch ein Quantensprung. Es war der Wechsel von der lokalen, regionalen und nationalen auf die globale Ebene. Kärnten, die Steiermark, die *Kleine Zeitung* und ihre Leser sind für mich nicht geschrumpft, sondern ich nahm sie aus einer völlig neuen Perspektive wahr, die mir sehr gefallen hat.

Interessant war, dass mich die Eurokrise rund um das Schuldenland Griechenland sehr an meine Anfänge bei der *Kleinen Zeitung* erinnerte, die von einer bedrohlichen Krise der steirischen Industrie geprägt waren. Wie damals die Steiermark und Österreich wechselten in meiner Brüsseler Zeit auch die europäischen Institutionen in eine Art Krisenmodus. Das zu beobachten und darüber zu berichten war ebenso reizvoll, wie in einer fremden Hauptstadt als Ausländer zu leben. Das Familienleben mit meiner lieben Frau und den schon erwachsenen Söhnen, die in Österreich geblieben waren, erlebten wir ebenfalls aus einer neuen Perspektive. Und unter anderem blieb mir von der Zeit als Korrespondent in Brüssel, dass ich zu waschen und zu bügeln lernte und ein Leben (fast) ohne Auto zu führen.

KLEINE ZEITUNG

Dienstag
20. Oktober 1981
Nr. 242   S 5.–
Dinar 27.– / Lire 900.–
Auflagengrößte
Bundesländer-
zeitung   P.b.b.
Unabhängig
Erscheinungsort
Graz, Verlags-
postamt 8020 Graz
Telefon 77 5 61-0

DAS WETTER — Leserdienst Seiten 16/17
Mildes Herbstwetter 5 bis 19 Grad

HEUTE

Hütte Donawitz: „Nicht arbeiten wäre billiger!"

Karasek: Ein großes Lob für Grazer

Bei der Überreichung von „Altstadtmedaillen" an 44 Grazer spendete Europarat-Generalsekretär Franz Karasek für die Bemühungen um die steirische Landeshauptstadt ein hohes Lob. Karasek spricht heute, 9 Uhr, im „Grazer Congress" beim Festakt zum „Jahr der Ortsbildpflege und -gestaltung" in der Steiermark.

Arbeitsplätze und Sanierung

...heißt das Thema unserer Sonderbeilage, die Sie im Inneren des Blattes (zum Herausnehmen und Aufbewahren!) finden. Im Vordergrund stehen die „Modellgemeinden", die heute ausgezeichnet werden. Die Beilage enthält auch manchen guten Ratschlag.

Was schreibt man über uns? ... der erste Blick von Göteborgs Star-Spieler Torbjörn Nilsson galt der „Kleinen Zeitung"

SPORT

Hätte man heuer in Donawitz keinen Stahl erzeugt, wäre der Verlust geringer.

Aus einer „Kurzbilanz" der VOEST-Alpine über das erste Halbjahr 1981 könnte man für das obersteirische Werk den Schluß ziehen: Donawitz erreicht derzeit die Grenze, ab der es dem Gesamtunternehmen billiger kommt, die Produktion bei Weiterbezahlung der Bezüge einzustellen. Denn das Werk erlitt laut Halbjahresbilanz einen Verlust von 981 Millionen S. Das war mehr, als die der Lohn- und Gehaltssumme von 920 Millionen ausmachte. (Siehe Seite 7)

Rettungsaktion in Graz: Kleinkind erwischte Knollenblätterpilz Seite 9

Als „Doping" Schokolade und ein Bier!

Bei Sturm gab's Schokolade, die Schweden nippten am guten steirischen Bier! „Letztes Doping" vor dem heutigen UEFA-Cup-Schlager Sturm — Göteborg in Liebenau. Wer fehlt? Steiner bzw. Carlsson! (S. 34)

Überbringerin schlechter Nachrichten für die steirischen Leser: eine der Titelseiten in Zeiten der Stahlkrise (1981).

Die Krise
formt
ein Land.

Die Steiermark ist heute, 2015, eine wirtschaftlich ziemlich erfolgreiche Region, zeigen die Fakten und auch das Empfinden vieler Menschen. Das ist keine Selbstverständlichkeit, sondern das Resultat eines harten Kampfes ab etwa 1973, den die Menschen über viele Jahre führen mussten. Dazu gehörten das Zusammenspiel motivierter Arbeitskräfte, guter Unternehmer, innovationsbereiter Manager und aufgeschlossener Politiker und Beamter in einer Gesellschaft, die erfolgsorientiert ist. Diese Feststellungen klingen banal, sie sind aber wichtig für das Verständnis der Vorgänge, die ich als Berichterstatter begleitet habe, die meine Arbeit intensiv prägten und um die es im Folgenden geht.

Bis die steirische Wirtschaft so um das Jahr 1990 zurück in die Erfolgsspur kam, dominierte in den Siebziger- und Achtzigerjahren des 20. Jahrhunderts die sogenannte Stahlkrise meine frühen Jahre in der *Kleinen Zeitung*. Ich sah, dass diese Krise eine wirklich tiefe, beunruhigende Situation für viele Menschen war und wie die Steirer nach langem Zögern die Ereignisse als Herausforderung annahmen und letztlich bestanden. Diese Zeit hat mir auch eine besondere Beziehung zu den steirischen Regionen und ihren Menschen gebracht. Noch immer, wenn ich heute durch das Land fahre und die zentralen Orte der damaligen Krise sehe, wird mir bewusst, wie groß und bedrohlich die damaligen Entwicklungen waren.

Eine weltweite Bedrohung

Es war wirklich eine globale Krise, die ab etwa 1973 die damals vorwiegend verstaatlichte Stahlindustrie der Obersteiermark und verwandte Wirtschaftsbereiche bedrohte. Diese Stahlkrise betraf allein in den steirischen Regionen Zehntausende Menschen und ihre Familien. Sie war also eine ernste Bedrohung für viele Bürger, und viele empfanden sie als Schicksalsfrage der Region. Ähnliche Stimmungen habe ich später in der Euro-Schuldenkrise rund um das griechische Problem beobachtet. Diese Ereignisse prägten viele Jahre die Berichterstattung der *Kleinen Zeitung*. War doch diese Zeit eine schwere Prüfung für die Menschen und ein Beispiel dafür, wie tief und feindlich globale Veränderungen regionale Entwicklungen beeinflussen können. Diese Faktoren vereinten sich für mindestens eineinhalb Jahrzehnte zu einem beherrschenden Thema der Menschen und damit meiner Arbeit und der vieler Kollegen.

Die Ursache der Krise war das faktische Ende des sogenannten Wirtschaftswunders nach 1945. Nach vielen guten Jahren erlahmte die Hochkonjunktur in den Industriestaaten, das Dollar-zentrierte System der festen Wechselkurse brach zusammen, Vorboten der späteren Ölkrisen wurden spürbar und erste Wellen der Globalisierung erreichten das Land. Überall in Europas Grundstoffindustrie – vom Metallsektor über die Chemie bis zur Holzwirtschaft – entstanden Überkapazitäten, die von der billigeren Konkurrenz aus dem kommunistischen Osteuropa, Japan und einigen anderen Überseeländern zunehmend aus dem Markt gedrängt wurden. Die Problematik war mir schon aus meiner Zeit beim ORF vertraut. Bei der *Kleinen Zeitung* kam hinzu, dass ein engagiertes Regionalblatt mit der Krise viel unmittelbarer umgehen muss als der Staatsfunk. Es waren unsere Leser, die von den Ereignissen betroffen waren.

Der Niedergang von Vordernberg

Mich selber erinnerten die Stahlkrise und der drohende Niedergang ganzer Regionen an Eindrücke in den Kinderjahren. Viele Jahre verbrachte meine Familie die Ferien in einer Art Jagdhaus hoch über dem Markt Vordernberg, zwischen Leoben und Eisenerz. Heute noch sehe ich die Ruinen der einst stolzen Vordernberger Hochöfen und der prächtigen Sitze der Hammerherren vor mir. Sie sind stumme und doch beredte Zeugen einer glänzenden Epoche der Eisenproduktion im Umfeld des steirischen Erzbergs, aber gleichzeitig Zeugen eines unaufhaltsamen Niedergangs. Es gab also schon früher Stahlkrisen, durch welche die Verhüttung und Verarbeitung des Eisenerzes sich an andere Orte verlagerten. Aber die Entwicklung der Marktgemeinde Vordernberg, die bis ins 19. Jahrhundert zu den reichsten Orten Österreichs gehört hatte, prägte sich mir besonders ein. In meiner Volksschulzeit zu Beginn der Sechzigerjahre gab es in dem Ort nicht nur mehrere Lebensmittelgeschäfte, sondern auch einen Delikatessenladen; ich habe zwei Fleischhauer und vier Bäcker in Erinnerung, mehrere Trafiken und Gasthäuser, dazu Elektriker, Schlosser, Tischler und andere Handwerker. Sie sind im Laufe der Zeit praktisch alle verschwunden.

Die Eisenhütten hatten schon nach dem Zweiten Weltkrieg zugesperrt, weil sie unrentabel geworden waren. Die Zahnradbahn für die Erztransporte vom Erzberg nach Vordernberg wurde eingestellt. So wanderten nach den Hüttenarbeitern auch die Eisenbahner ab. Jedes Jahr spürte ich selber die Stationen des Niedergangs, weil Geschäfte zusperrten und sich in dem einst stolzen und reichen Vordernberg Ödnis ausbreitete. Was sich in diesem Ort schon im 19. Jahrhundert abspielte, war sicher eine Art Mahnmal für die steirischen Politiker in der Zeit der Stahlkrise. Ein Schicksal wie das Vordernbergs den Menschen und den Regionen zu ersparen, war ein starkes Motiv vieler Verantwortlicher. Das Problem war, ob der Lauf der Dinge überhaupt aufzuhalten war – und zu welchen Kosten.

Die Kreisky-Ära

Die Probleme, um die es hier geht, trafen die Steiermark und Österreich zu einer Zeit, die wirtschaftlich gerade in der verstaatlichten Industrie märchenhaft war. Es gab echte Vollbeschäftigung mit einer Arbeitslosenrate unter zwei Prozent. Die Lohnrunden von 1970 bis 1975 brachten stets mehr als zehnprozentige Erhöhungen der Einkommen. Die Inflation dieser Jahre machte im Schnitt immerhin 6,5 Prozent aus. Also konnten die Österreicher etwas zur Seite legen. Die Spareinlagen stiegen in fünf Jahren um 75 Prozent. Kein Wunder, wurde etwa der Mindestzinssatz für Sparbucheinlagen 1974 von 3,5 auf fünf Prozent erhöht. Die Konjunktur brummte. Das Wirtschaftswachstum dieser Jahre betrug im Schnitt 5,9 Prozent. Österreich hatte damit Wachstumsraten wie später Brasilien oder Indien. Der Jahresumsatz der verstaatlichten Industrie stieg von 1970 bis 1974 um sagenhafte 90 Prozent an.

Österreich stand in dieser aufstrebenden Zeit auch politisch im Zeichen des Umbruchs. Bruno Kreisky war 1970 der erste sozialistische Bundeskanzler geworden; er formte die SPÖ zur modernen sozialdemokratischen Partei um und verpasste dem ganzen Land viele dringend notwendige Reformen. Die Sozialdemokraten glaubten, dass sie endlich die Deutungshoheit über die Geschichte und den Lauf der Dinge gewonnen hätten. Immerhin waren sie nicht nur in Österreich mit Kreisky an die Macht gekommen, sondern auch in Deutschland mit Willy Brandt. Gemeinsam mit dem schwedischen Ministerpräsidenten Olof Palme war ein Trio in den Vordergrund getreten, in dem viele Menschen in Europa die Propheten eines sozialdemokratischen Jahrzehnts – wenn nicht Jahrhunderts – sehen wollten.

Die Schwächen des politischen Systems

Gleichzeitig war die bürgerliche ÖVP in Österreich trotz der Niederlagen bei den Nationalratswahlen 1970 und 1971 eine überaus starke politische Kraft in sechs der neun Bundesländer, in vielen Gemeinden und in wichtigen Kammern und Verbänden geblieben. Durch den sogenannten Proporz, die verhältnismäßige – proportionale – Aufteilung von Einflusssphären, haben sich SPÖ und ÖVP bei allen ideologischen Differenzen seit vielen Jahren politisch aneinandergekettet. Die SPÖ-Mehrheit auf Bundesebene und die ÖVP-Vorherrschaft in der Steiermark gaben den Vorgängen um die Stahlkrise eine besondere politische Würze. Die Stärke der ÖVP in der Steiermark bescherte Kreiskys SPÖ einiges Kopfzerbrechen. Meine Arbeit bei der *Kleinen Zeitung* wurde durch diese politischen Spannungen noch interessanter.

Die krisenhaften Zustände ab Mitte der Siebzigerjahre legten die Mängel der politischen Verhältnisse Österreichs schonungslos offen. Zum Einbruch der Grundstoffindustrie kamen eine allgemeine Ermüdung der Konjunktur, Unruhe im Weltwährungssystem und die Folgen des Ölschocks von 1973. Das waren Prüfsteine, ob und wie die SPÖ-Vorherrschaft solche tief greifenden Veränderungen bewältigte. Immerhin war die wichtigste Kernschicht der Partei unmittelbar betroffen, die Arbeiterschaft der verstaatlichten Unternehmungen. Die Bedrohung Zehntausender der am besten bezahlten Arbeiter der Republik war nicht nach dem Geschmack Kreiskys, der SPÖ und der von ihr dominierten Gewerkschaften. Das belegt im Herbst 1975, als die Krise längst unübersehbar geworden war, ein bezeichnender Satz in einer Studie der Bundesregierung über die eigene Wirtschaftspolitik: „Diese Erfolge berechtigen dazu, auch die künftige industrielle Entwicklung . . . mit Optimismus zu beurteilen."

Verzweifelte Hoffnung

Im Gegensatz zu dieser verordneten Zuversicht war die konkrete Bedrohung enorm und europaweit. Immer wieder war die *Kleine Zeitung* Überbringerin der schlechten Nachrichten. In 20 Jahren raffte die Globalisierung einen großen Teil der europäischen Stahlbranche dahin, und die Steiermark war mitten in diesem dramatischen Prozess. Auf meinen Fahrten als EU-Korrespondent habe ich zwischen Brüssel, Straßburg und dem deutschen Saarland die Ruinen der einstigen großen Stahlindustrien in Südbelgien, im französischen Lothringen und in Deutschland gesehen. Aus heutiger

Sicht kann ich sagen, dass die steirischen Unternehmen die Krise insgesamt bedeutend besser bewältigt haben als viele Betriebe in Europa. Der Verlust an Arbeitsplätzen war zwar enorm, aber der Kern unserer Stahlindustrie ist erhalten geblieben. Das war der Keim für einen neuen Aufschwung und eine Neuorientierung in der Wirtschaft. Die Obersteiermark aber hat von dieser Krise bis heute schwere Wunden davongetragen, wie besonders die Abwanderung der Jungen zeigt.

Der erste Reflex der Politik – und nicht nur der sozialdemokratischen – auf die Stahlkrise war in praktisch allen Ländern die geradezu verzweifelte Hoffnung, dass die Probleme nur vorübergehend seien. Der Staat müsse eben bis dahin die Verluste der Unternehmen ausgleichen, um diese zu retten und möglichst viele Arbeitsplätze zu erhalten. Zu diesem solidarischen Ansatz gehörte in der SPÖ wie selbstverständlich die Überzeugung, Geld von Steuerzahlern umzuleiten, ohne mit diesen darüber auch nur zu reden und ohne zu bedenken, wie lange das Ganze dauern und wie teuer es werden würde. Das beweist Kreiskys Satz aus dem Jahr 1979, dass ihm „ein paar Milliarden Schilling mehr Schulden weniger schlaflose Nächte bereiten als ein paar Hunderttausend Arbeitslose". Am Ende der Stahlkrise hatte Österreich sowohl die höchste Arbeitslosigkeit seit vielen Jahren als auch ein bedenkliches Niveau der Staatsverschuldung.

Das Schicksal der Stahlpensionisten

1988, eineinhalb Jahrzehnte nach Beginn der Krise, hatten 42.000 Stahlarbeiter auch ihre Betriebspensionen verloren. Die hatte die staatliche Rente im Schnitt mit rund tausend Schilling im Monat aufgebessert, damals ein stattlicher Betrag. Die Empörung der Betroffenen und der Leser der *Kleinen Zeitung* war unübersehbar. Die Lage der verstaatlichten Industrie war aber so hoffnungslos geworden, dass es für die SPÖ, die – mittlerweile ohne Kreisky – noch immer an der Regierungsspitze war, keine Tabus mehr gab. Man musste retten, was zu retten war, und eines der Mittel war, die Unternehmen von der Last der Pensionszusagen zu befreien. Die Empörung der Stahlarbeiter war kaum zu bremsen. Viele wandten sich für immer von der SPÖ ab. Das war wohl der Beginn des Vormarschs der FPÖ in den roten Arbeiterhochburgen.

Dem Nachruhm Bruno Kreiskys hat das alles nicht geschadet. Offenbar wog das Hochgefühl der Arbeiterschaft, dass „ihre" SPÖ 1970 die Nummer eins in Österreich geworden war, schwerer als all die harten Krisenjahre danach. 2011 brachte es der vormalige Zentralbetriebsratsobmann der Voest-Alpine, der Oberösterreicher Franz Ruhaltinger, in einem Interview auf den Punkt. „Der Kreisky hat die Voest gerettet", sagte er zu den Staatshilfen für den Stahlkonzern und blendete die harten Zeiten für die Beschäftigten und das Ende der Stahlpensionen behände aus. Auch SPÖ-Verkehrsminister Alois Stöger, ein oberösterreichischer Metallgewerkschafter, bedauerte noch 2015, dass die Voest-Alpine nicht mehr im Staatseigentum steht. Dabei besaßen die Arbeiter mittlerweile Aktien des Unternehmens im Wert von durchschnittlich 40.000 Euro. Ob sie dieses kleine Vermögen auch hätten verdienen können, wäre die Voest-Alpine verstaatlicht geblieben, ist zweifelhaft.

Die Welle der Frühpensionierungen

Die Anti-Krisenmaßnahmen der Kreisky-Ära zeigen in ihrem Verlauf, wie verzweifelt die Lage war und wie sehr die Regierung die erforderlichen echten unternehmerischen Schritte scheute. Oberstes Gebot war, die Beschäftigten zu schonen. Die *Kleine Zeitung* berichtete Ende der Siebzigerjahre über eine Aufstockung der Steuermittel für Sonderförderungen der Arbeitsmarktverwaltung, über ein staatliches Beschäftigungs-Sonderprogramm und andere Krisenmaßnahmen aus Budgetgeldern. 1981 sinnierte Bruno Kreisky in unserem Blatt: „Ein so großer Konzern wie die Voest-Alpine muss die Kraft haben, die Menschen davor zu bewahren, im Elend unterzugehen." Aber der Konzern hatte diese Kraft nicht, und deshalb gab es noch im selben Jahr wieder Milliardenzuschüsse des Staates. Trotz aller Bemühungen der SPÖ war Ende 1981 die Zahl der Arbeitslosen in Österreich um 46 Prozent höher als ein Jahr zuvor.

Allein von 1979 bis 1981 hatte der Edelstahlkonzern VEW rund 3500 Mitarbeiter abgebaut, die meisten in der Obersteiermark. Doch kaum ein Edelstahlwerker wurde arbeitslos, weil die Regierung das Frühpensionsalter immer weiter absenkte. 1975 musste man mindestens 60 Jahre alt sein, um in die vorzeitige Rente gehen zu können, 1980 war das schon im Alter von 57 Jahren, später sogar mit 55 möglich. Frauen konnten und können in Österreich um jeweils fünf Jahre früher in den Ruhestand treten. Die Regierung wusste in der Krise kein anderes Mittel, als die besten und leistungsfähigsten Arbeiter aller Zeiten in Frühpension zu schicken. Selbst der SPÖ-Sozialminister Alfred Dallinger, bis heute eine Ikone der Parteilinken, warnte damals davor, dass sich das Land so junge Pensionisten nicht auf Dauer leisten könne.

Das Dogma des harten Schillings

Zum Schutz ihrer Grundstoffindustrien vor den Folgen der globalen Krise setzten Länder wie Frankreich, Großbritannien, Italien oder Schweden nicht nur auf staatliche Subventionen, sondern auch auf die Abwertung ihrer Währungen. Das machte Exporte billiger, aber Importe teurer. Den Anfang mit einer lockeren Währungspolitik hatten schon die USA gemacht. Der Dollarkurs fiel gegenüber dem Schilling von 1971 bis 1974 um fast 20 Prozent. Es kostete Kreiskys Finanzminister Hannes Androsch viel Kraft, Kreisky, die SPÖ und ihre Gewerkschaften zu überzeugen, dass für das kleine Österreich die enge wirtschaftliche Bindung an den wirtschaftlich dominanten Nachbarn Deutschland besser sei als das währungspolitische Abenteuer, den Wechselkurs des Schillings zu senken. Das Land importierte so viel aus Deutschland, dass der Schaden einer Abwertung für Österreich viel größer gewesen wäre als der Vorteil bei den Exporten, der auch nur sehr kurzfristig war.

Dass Androsch damit die gleichen Argumente anführte wie die gerade erst aus der Regierung gedrängte konservative ÖVP, machte es ihm in der SPÖ nicht leichter. Die Einsicht, dass ein Land mit der Abwertung seiner Währung letztlich Inflation und Instabilität importiert, war den sozialdemokratischen Funktionären nicht leicht vermittelbar, der Arbeiterschaft fast gar nicht. Denn ihre Funktionäre wussten, dass der Preis der Hartwährungspolitik Lohndisziplin war. Angesichts der geradezu märchenhaften Lohnzuwächse der Jahre bis 1975 war das ein hoher Preis, der von den Beschäftigten verlangt wurde. Schließlich setzte sich aber Androsch mit der Politik des „harten Schillings" doch durch.

Bis zur Einführung des Euro 2002 war es in Österreich kein Thema, an der Hartwährungspolitik zu rütteln. Den wichtigsten Kräften im Land war bewusst, dass nicht das Drehen an der Währungsschraube, sondern nur eine wettbewerbsfähige Wirtschaft nachhaltigen Wohlstand für alle bieten kann. Wenn andere Länder früher ihre Währungen abwerteten, wurden Österreichs Exporte zwar kurzfristig teurer, doch zwang das die Wirtschaft, die Arbeitnehmer und die Politik, die bedrohte Wettbewerbsfähigkeit durch Verbesserungen in anderen Bereichen wiederherzustellen. Besonders die Beschäftigten und die Gewerkschafter knirschten oft mit den Zähnen, weil die Löhne und Gehälter in der Logik des harten Schillings oft nicht so steigen konnten, wie sie das gewünscht hätten. Diese regelmäßigen Anstrengungen aller Kräfte, wettbewerbsfähig zu bleiben, hat Österreich aber letztlich zu dem erfolgreichen Industriestaat von heute gemacht.

Die *Kleine Zeitung* und die Obersteiermark

Der *Kleinen Zeitung* wurde in den frühen Jahren der Krise auf unangenehme Weise bewusst, dass die Arbeiterschaft des obersteirischen Stahlreviers dem

Blatt aus historischen Gründen eher fernstand. Da spielten Erinnerungen mit, dass die katholisch geprägte Zeitung vor dem Zweiten Weltkrieg nicht unbedingt pro-sozialistisch war. In Teilen der Redaktion mag die Versuchung groß gewesen sein, sich diesen Leserschichten mit einer entsprechenden Berichterstattung gewissermaßen anzubiedern. Doch wir konnten und wollten auch nicht Handlanger wirtschaftspolitischer Kurzsichtigkeit sein. Es wäre journalistisch einfach gewesen, als Zeitung unkritisch den Standpunkt der verunsicherten Arbeiter einzunehmen, wie es manche Medien taten. Aber wir standen dazu, auch die großen Zusammenhänge und einige unangenehme Wirklichkeiten darzustellen.

Die Barrikaden von 1934

Fritz Csoklich, Chefredakteur von 1960 bis 1994, erlebte persönlich, wie schwer es für die Zeitung war, in der obersteirischen Industrieregion Fuß zu fassen. In einer der Städte trat in den Sechzigerjahren einmal ein neu gewählter, natürlich sozialistischer Bürgermeister das Amt an und gab aus diesem Anlass einen Empfang im Rathaus, zu dem auch Csoklich kam. Als er an der Reihe war, dem eingefleischten Sozialisten zur Wahl zu gratulieren, verweigerte dieser den Händedruck und begründete dies dem überraschten Csoklich folgendermaßen: „Wir sind damals auf verschiedenen Seiten der Barrikaden gestanden." Der Mann meinte den Bürgerkrieg des Jahres 1934 und den Beginn des Austrofaschismus, als die katholische Kirche offen an der Seite der Christdemokraten gestanden war, die das demokratische Österreich aufgelöst und nicht nur die Nationalsozialisten, sondern auch die Sozialdemokraten und alles Linke zum Teil auch mit Waffengewalt bekämpft hatte. Dieser aufrechte Sozialist nahm also die *Kleine Zeitung* noch 30 Jahre später gewissermaßen in Sippenhaftung. 1934 war Csoklich übrigens gerade fünf Jahre alt.

Das Misstrauen der obersteirischen Arbeiterschaft, der Gewerkschaften und der SPÖ gegenüber der *Kleinen Zeitung* behinderte den Erfolg des Blattes in diesen Regionen. Csoklich konterte mit der Pioniertat, in der zentral gelegenen Stadt Bruck an der Mur die erste Bezirksredaktion zu gründen und regelmäßig Berichte aus der Region ins Blatt zu stellen. Rudolf Kuzmicki, der Leiter der Redaktion der *Kleinen Zeitung* in Bruck, organisierte in der Zeit der Stahlkrise einmal ein ungewöhnliches Treffen, nämlich einen gemeinsamen Abend maßgeblicher roter Gewerkschaftsfunktionäre mit Vertretern der *Kleinen Zeitung*. Csoklich nahm mich mit zu dem Treffen in Bruck, weil ich als Wirtschaftsredakteur ständig mit der Stahlkrise zu tun und engen Kontakt zu den Gewerkschaftern hatte. Beide Seiten hatten bei der Zusammenkunft Gelegenheit, zu erfahren, wie ihr Gegenüber dachte und welche Motive es hatte. Es war ein reinigendes und positives Gespräch.

Die Stahlkrise bekommt ein Gesicht

Die Ereignisse boten mir als jungen Berichterstatter die Gelegenheit, die Redaktionsstube zu verlassen und dort zu sein, wo die Menschen die Stahlkrise tatsächlich erlebten. So habe ich sehr dichte Erinnerungen an zahlreiche Betriebsversammlungen in den Werken der verstaatlichten Industrie. Das sind Versammlungen der Arbeitnehmer, die in der österreichischen Arbeitsverfassung dem Betriebsrat die Möglichkeit bieten, die Mitarbeiter während der Dienstzeit über wichtige Fragen zu informieren. Journalisten sind normalerweise zugelassen, aber nicht immer gern gesehen. Weil während einer solchen Versammlung die Arbeit natürlich ruht, ist eine Betriebsversammlung ein ziemlich streitbares Werkzeug für die Belegschaftsvertreter und die Gewerkschaften. In der damaligen Stahlkrise wurden Betriebsversammlungen immer wieder als ein Instrument des Aufschreis, der Empörung, aber auch der Hilflosigkeit angewandt.

Bei diesen Anlässen geht es um ernste Dinge. Da ist kein Platz für langatmige Vorträge der Manager, Betriebsräte und Politiker. Die treten dort vor Hundertschaften von verunsicherten Arbeitern hin, die um ihre nackte Existenz bangen. Solche Versammlungen waren für mich nicht nur wichtige Ereignisse als Journalist, sondern Gelegenheiten, diese Menschen zu erleben. Die Stahlkrise bekam für mich ein Gesicht. Dazu kam die Atmosphäre. Während der Journalist selten tief in die Arbeitswelt der Menschen eindringt, vermittelte schon der Schauplatz solcher Zusammenkünfte in den Produktionshallen den düsteren Eindruck der Verhältnisse in der Schwerindustrie. Hallen wurden für die Versammlungen leer geräumt, es war bei Weitem nicht so sauber wie in den Redaktionsstuben, die Beleuchtung war schlecht, Akustik nicht vorhanden. Die Arbeiter saßen auf Bänken, Bretterstapeln oder sonstigen Gegenständen, die behelfsmäßig zu Sitzgelegenheiten umfunktioniert worden waren, um sich die schlechten Neuigkeiten anzuhören.

Die ernsten Mienen der Männer und Frauen zeigten ihre Empfindungen, ging es doch um ihre Einkommen und ihre Existenz. Sie waren in einer Situation, in der ihr klassenbewusstes Selbstverständnis in Ratlosigkeit, Unsicherheit und Wut umschlug. Ich nahm sie als verwundbar und manchmal als aggressiv wahr. Während der Betriebsversammlungen wirkten ihre Blicke zu den Journalisten manchmal geradezu feindselig. Reporter wurden als Störenfriede betrachtet. Die Blicke der Arbeiter schienen zu sprechen: „Was machen die da? Werden wahrscheinlich wieder nur das Falsche schreiben." Einmal setzte ich mich in der damaligen Leykam-Papierfabrik in Niklasdorf während so einer vielstündigen Betriebsversammlung auf den Fahrersitz eines Gabelstaplers, damit ich die Ereignisse nicht länger stehend verfolgen musste. Ihre Blicke verrieten mir, dass mich das für die Arbeiter wahrscheinlich noch weniger sympathisch gemacht hat.

Tücken der Reportage

Die Arbeit bot auch andere Herausforderungen. Ich war so oft mit dem Auto unterwegs zu den Schauplätzen der Ereignisse wie nie mehr in meinem Berufsleben. Doch das Berichten war nicht immer einfach. Die *Kleine Zeitung* erschien damals auch in einer Abendausgabe, die um 17 Uhr von Kolporteuren auf der Straße und in Cafés verkauft wurde. Oft blieb nicht die Zeit, nach so einer Betriebsversammlung in Judenburg oder Mürzzuschlag zurück nach Graz in die Redaktion zu fahren. Es gab noch nicht all die Autobahnen von heute, das Mobiltelefon war noch nicht erfunden.

Also musste ich manchmal in der Umgebung eines Stahlwerkes ein Café oder Gasthaus aufsuchen, um meine Reportage zeitgerecht telefonisch durchzugeben. Die Gasthäuser waren aber meist überfüllt von den Arbeitern, die nach der soeben beendeten Betriebsversammlung eine kleine Pause machten. Es wurde laut diskutiert, getrunken, geraucht. Die Tatsache, dass ich seit meiner Kindheit auf dem rechten Ohr taub bin, spielte in diesem Zusammenhang wohl auch eine Rolle. Ich nahm irgendwo Platz, konzentrierte mich und notierte auf einem Blatt Papier in Stichworten die wichtigsten Inhalte. Wenn es in dem Gasthaus eine Telefonzelle gab, war das ein Glücksfall. Meist aber stand das Telefon auf der Schank, in Griffnähe des Wirtes oder der Kellnerin und damit mitten unter den Leuten, die sich laut unterhielten. In diesem Trubel musste ich meinen Bericht durchgeben. Die geräuschvolle Umgebung war auch nicht sehr lustig für die Damen vom Redaktionssekretariat in Graz am anderen Ende der Telefonleitung, die meine Worte in die Schreibmaschine übertrugen.

In dieser lauten, rauch- und alkoholgeschwängerten Umgebung war Konzentration ganz wichtig, sonst hätte ich kaum einen vernünftigen Text durchgeben können. Manchmal habe ich die Sätze mit geschlossenen Augen ins Telefon gesprochen. Naturgemäß kam es vor, dass ich in dem Trubel den Faden etwas verlor und die Sekretärin bat, mir eine bereits diktierte Textpassage nochmals vorzulesen, damit ich den Faden wieder aufnehmen konnte. Dabei wurde mir gelegentlich bewusst, dass ich mich in einem komplizierten Satzgebilde verheddert hatte, aus dem meine Leser kaum schlau werden konnten. Wenn ich das nicht vor mir auf einem Blatt Papier oder einem Bildschirm sah, war es ziemlich schwierig, aus dem textlichen Labyrinth wieder herauszufinden. Auch für die Kollegin vom Sekretariat war es nicht einfach.

Die Lehre, die ich unmittelbar daraus zog, bestätigt, was ein wichtiger Grundsatz meines Berufs ist: Drücke dich in einfachen, möglichst kurzen Sätzen aus, ohne Schnickschnack und am besten so, wie die Leute sprechen. Ich hatte damals den Eindruck, dass die Berichte über Ereignisse in Donawitz oder Kapfenberg für meine Leser ziemlich verständlich waren. Als ich später regelmäßig englische oder amerikanische Zeitungen und Magazine las, wurde mir klar, dass genau das zu den Prinzipien des erfolgreichen angloamerikanischen Journalismus gehört.

Lange Nächte in Wien

In den Jahren der Stahlkrise habe ich mit anderen Kollegen auch halbe Nächte während langer Sitzungen der Unternehmensleitungen in Wien verbracht, bei denen wichtige Entscheidungen zu treffen waren. Stundenlang warteten wir in irgendwelchen Räumen auf das Ende der Sitzungen und auf die Stunde der Information. Dem Aufsichtsrat einer Kapitalgesellschaft sind die existenziellen Fragen vorbehalten, und in der Stahlkrise ging es fast nur um Existenzielles wie die Schließung von Werken, die Auflassung von Produktionen oder die Verlagerung von Betrieben. Nach solchen Aufsichtsratssitzungen verschwanden die Kapitalvertreter und die Manager fast immer durch Hintertüren, um den Journalisten und ihren Fragen zu entkommen. Meist waren es einzig die Arbeitnehmervertreter im Aufsichtsrat, also die SPÖ-Politiker, Gewerkschafter und Betriebsräte, die sich nach den Sitzungen den Medien stellten. Aber sie schilderten natürlich nur ihre Version der Sitzungen und ihrer Ergebnisse.

Man kann nicht sagen, dass die roten Funktionäre und Betriebsräte nach solchen Sitzungen den Journalisten und später den Arbeitern bewusst nur das sagten, was angenehm und beruhigend klang. Aber es war eine sehr selektive Wahrheit, die sie mitteilten. Dieses Verhalten habe ich als Berichterstatter ziemlich oft beobachtet: nämlich den Betroffenen die schlechten Nachrichten nur in kleinen, ungenauen Portionen zu vermitteln. Es waren nicht nur sozialistische Betriebsräte, die sich manchmal so verhielten, sondern auch Unternehmer und Manager, die im Fall von Firmenproblemen Geschäftspartner, Kunden und Öffentlichkeit zu lange im Unklaren über die wahren Verhältnisse ließen.

Das Ende der Sonntagsreden

Eine besondere Faszination des Journalismus ist die Möglichkeit, so nahe an den Prozessen und an den handelnden Personen zu sein und das den Lesern zu vermitteln. Eröffnet ein Politiker in einer Provinzgemeinde ein Schwimmbad, ist das kein Prozess, der sich womöglich dramatisch entwickeln kann, und keine Gelegenheit, diese Person in einer bemerkenswerten Situation zu erleben und darzustellen. Die Stahlkrise in der Steiermark aber war eine Entwicklung, die viele Menschen existenziell bedrohte und die Verantwortlichen in den Betrieben und in der Politik zwang, ihre Sonntagsreden zu beenden und Lösungen – gerade auch sehr unangenehme – zu erarbeiten. Es ist bezeichnend, dass die Begriffe Krisenmanager und Krisenmanagement damals geprägt wurden.

Die Umbrüche zeigten, welche der handelnden Personen – egal ob im Management, in der Arbeitervertretung oder in der Politik – das Zeug hatten, damit umzugehen.

Die roten Betriebskaiser

In der damaligen Zeit hatten etwa die Betriebsratsvorsitzenden der großen Industriebetriebe eine bemerkenswerte und durchaus problematische Machtfülle. Sie waren „nebenbei" noch hohe Partei- und Gewerkschaftsfunktionäre und zusätzlich Abgeordnete im österreichischen Nationalrat, im steirischen Landtag oder Bürgermeister der Standortgemeinde des betreffenden Betriebs. Diese sozialdemokratischen Multifunktionäre wurden manchmal nicht sehr schmeichelhaft „Betriebskaiser" genannt – und manche entsprachen durchaus diesem etwas seltsamen Wortbild.

Josef Gruber war damals so ein Mann. Er war in den Siebziger- und Achtzigerjahren Mitglied der steirischen Landesregierung und verantwortete das Sozialressort. Das ist eines der einflussreichsten und zeitraubendsten politischen Ämter in der Steiermark. Seine politische Basis war das Kapfenberger Edelstahlwerk mit damals vielen Tausend Beschäftigten, die ihn viele Jahre lang mit großer Mehrheit zum Vorsitzenden des Arbeiterbetriebsrats wählten. Dazu gehörte die Position als oberster Arbeitnehmervertreter des ganzen Konzerns, der in vielen Ländern tätig war. Damit nicht genug: Gruber führte auch als Vorsitzender die SPÖ im Bezirk Bruck an der Mur und war damit einer der mächtigsten Parteifunktionäre im Land. Diese Liste an Funktionen beweist nicht nur Grubers bemerkenswerte Leistungsfähigkeit und Führungsqualität, sondern auch seine sozialistisch-solidarische Gesinnung und seinen wachen Machtinstinkt. Der Linzer Voest-Alpine-Betriebskaiser Franz Ruhaltinger hat zur Kritik an solchen Ämterkumulierungen einmal lapidar gemeint: „Die Arbeit war mir keiner neidig, das Geld schon."

Wahlkampf mit Zigarren

Zu eher zweifelhafter Berühmtheit gelangte der Nachfolger Grubers als oberster Betriebsrat in Kapfenberg, Alois Rechberger. Er wurde selbstverständlich SPÖ-Abgeordneter im Nationalrat und schaffte schließlich auch noch den Aufstieg zum Amt des Präsidenten der steirischen Arbeiterkammer. Der bullige Rechberger scheiterte letztlich daran, dass er öffentliche Gelder ziemlich maßlos verwendete und dass die Strukturen in den sozialdemokratischen Institutionen damit nicht umgehen konnten. Die *Kleine Zeitung* deckte auf, dass Rechberger für einen SPÖ-Wahlkampf Geld der Arbeiterkammer einsetzte, die eigentlich parteipolitisch unabhängig ist. Er irritierte und provozierte die Öffentlichkeit, weil er uneinsichtig war. Dann verteilte der Arbeiterführer in einem Wahlkampf großzügig Zigarren, für viele Linke Symbol der übelsten Kapitalisten. Zuletzt wurde auch noch die ansehnliche Höhe seines Einkommens bekannt, und es brach ein Sturm der Entrüstung über den Arbeitervertreter herein. Dabei hatte er nichts anderes getan als seine Vorgänger als SPÖ-Präsidenten der Arbeiterkammer, als er für sich ein üppiges Präsidentengehalt samt Pensionsanspruch festsetzte.

Es mag so gewesen sein, dass das nicht aus Präpotenz und in der Absicht geschah, sich ungeniert an den Beiträgen der Pflichtmitglieder der Arbeiterkammer zu bereichern. Es war auch so, dass die anderen Funktionäre der Kammer das Handeln Rechbergers wie das seiner Vorgänger – aus Gewohnheit, aus Solidarität oder aus welchen Gründen immer – in den Gremien gutgeheißen hatten. Aber die Zeiten hatten sich geändert. Während viele Arbeitnehmer in den Krisen dieser Jahre ihre Existenz verloren, musste dieses Verhalten verheerend wirken. Rechberger verlor alle Ämter und wurde von einem Gericht auch verurteilt.

Männer wie er folgten der damals gültigen Logik in diesen Kreisen. Sie sammelten bei Wahlen zum Nationalrat, Landtag oder Gemeinderat Zehntausende Stimmen für sich und die SPÖ, weil ja nicht nur die Arbeitnehmer selbst, sondern auch ihre Familienangehörigen der Partei nahe standen und sie wählten. In den Großbetrieben der verstaatlichten und staatsnahen Industrie schlummerte also ein großer Teil der Macht der SPÖ. Diese Multifunktionäre und Betriebskaiser mussten viel Rücksicht auf den Betrieb, die Gewerkschaft und die Partei nehmen, mit dem Neid der Kollegen leben und heftige Attacken der politischen Gegner parieren.

In dieser stürmischen Zeit erlebte ich die Betriebsräte nicht nur in nüchternen Pressekonferenzen in netten Besprechungszimmern oder bei meist zweitklassigen Reden in politischen Gremien. Ich beobachtete für die Leser der *Kleinen Zeitung*, wie sie in düsteren Fabrikshallen und stickigen Gasthäusern auf die emotional aufgeheizte Kollegenschaft reagierten, wie sie harten persönlichen Angriffen aus den eigenen Reihen ausgesetzt und wie sie buchstäblich zerrissen waren zwischen den unmittelbaren Interessen ihrer Kollegenschaft in den gefährdeten Industriebetrieben und der Solidarität mit der Partei und den Idealen der Gewerkschaften.

Firmenpolitik mit dem Parteibuch

Auch die Gegenseite der Betriebsräte, die Unternehmensführungen, bot Anschauungsunterricht für die real existierenden Verhältnisse der Zeit. Die größten Stahlunternehmen Österreichs waren verstaatlichte Aktiengesellschaften; die Mitglieder der Firmenvorstände und der Aufsichtsräte hatten in erster Linie zwei Qualifikationen zu erfüllen: Sie mussten versierte Manager sein und sich entweder zur SPÖ oder zur ÖVP bekennen. So war es selbstverständlich, dass das für Personalfragen zuständige Vorstandsmitglied etwa der Voest-Alpine auf jeden Fall ein Sozialdemokrat war und dass dieser Mann praktischerweise einen Sitz im Führungsgremium der SPÖ hatte, dem Parteivorstand. Auf diese Weise hatte die Partei stets alle Personalvorgänge in diesen riesigen Unternehmen und Wählerreservoirs unter Kontrolle. Bei der ÖVP war der politische Einfluss auf „ihre" Manager ebenfalls ein Faktum, aber speziell in der Krisenzeit der Kreisky-Jahre bei Weitem nicht so ausgeprägt.

Es mag sein, dass manche Leser diese Ausführungen zu langatmig oder rückwärtsgewandt empfinden. Aber die Umstände, die Schlussfolgerungen daraus und die Begegnungen, die sich dabei ergaben, waren außerordentlich, und die Öffentlichkeit verfolgte sie über die Medien aufmerksam. Die Bedrohung durch die Stahlkrise war gewaltig, und die Veränderungen, die sich letztlich für alle Beteiligten ergaben, enorm. Aber es ist – mit vielen Opfern und mit viel Einsatz – letztlich gelungen, dass die Steiermark ein bedeutendes Industrieland geblieben ist.

Für mich ist unbestreitbar, dass Gewerkschaft und Sozialdemokratie historische Verdienste für das Fortkommen der arbeitenden Menschen haben, nicht nur in der Steiermark. Aber die Krise dieser Jahre überforderte die Bewegung. Sie geriet in die Defensive. Positionen zu halten um jeden Preis war die Devise. Das konnte geradezu destruktive Züge annehmen, wie ein Beispiel der Glasindustrie in der Weststeiermark zeigt. Dort gab es im Abstand von wenigen Kilometern drei Glashütten halbstaatlicher Unternehmungen mit mehreren Hundert Arbeitsplätzen. Ihre Zukunftschancen waren aus mehreren Gründen schlecht geworden. Ich erlebte als Journalist, wie diese Betriebe sich dahinschleppten. Nur eine der drei Fabriken in Köflach, Voitsberg und Bärnbach sei überlebensfähig, war die nüchterne und ernüchternde Diagnose der Betriebswirte und Berater. Wie die Gewerkschaften und die SPÖ mit dieser unangenehmen Ausgangslage umgingen, empfand ich aber als bedenklich. Das Angebot einer Firmenleitung an die Arbeiter der anderen Betriebe, bei ihnen weiterzumachen, hintertrieben sie geradezu. Der tägliche Arbeitsweg wäre gerade zehn Kilometer weiter gewesen als zuvor, aber Gewerkschaft und Partei erklärten kompromisslos, das sei unzumutbar.

Ein Adelssitz für den Investor

Die Krise hat die Politik angespornt, für die betroffenen Arbeitnehmer Alternativen zu suchen. Hektisch wurde nach Investoren gefahndet. Einige Bemühungen sind gelungen, andere schiefgegangen. Ich erinnere mich an den Unmut über eine Bürgerinitiative in Raaba nahe Graz, die massiv gegen die Ansiedlung einer Elektronikfabrik eines japanischen Konzerns ankämpfte. Die Aktivbürger machten tatsächlich die Chance nicht nur auf Hunderte hoch qualifizierte Arbeitsplätze, sondern auch auf den Zugang zur Hochtechnologie für den Wissenschaftsstandort Steiermark zunichte. Sie hatten ihre eigene Lebensqualität über das solidarische Empfinden gestellt, dass die Jugend berufliche Chancen braucht. Und sie haben sich auch durchgesetzt, weil die Vertreter von Wirtschaft und Politik nicht wussten, wie sie mit diesem neuartigen, durchaus aggressiven und populistischen Widerstand von Aktivbürgern umgehen sollen.

Eine Möglichkeit, den Niedergang der steirischen Industrie zu verhindern, war die aufkommende Computertechnologie. So machte die Voest-Alpine Ende der Siebzigerjahre den Investor AMI (American Micro Systems) ausfindig, der bereit war, in der Steiermark eine größere Fabrik der neuen Technologie zu errichten. Die Bedingung, die der Amerikaner stellte, war neben den üblichen finanziellen Forderungen ganz vernünftig. So dürfe die Entfernung vom angepeilten Firmensitz mit dem Auto maximal eine Stunde vom Flughafen Graz-Thalerhof betragen. Ergänzt wurde diese durchaus nachvollziehbare Vorgabe aber durch eine Forderung, die ziemlich verrückt war – wie vieles in der damaligen Zeit. Der Amerikaner wollte – wenn schon, denn schon – zu seiner steirischen Fabrik ein hübsches Schloss als Firmensitz haben.

Das Schloss der Baronin

Die steirische Politik wollte diesen dicken Fisch keinesfalls mehr von der Angel lassen. Also wurde fieberhaft ein Adelssitz gesucht, der infrage kommen könnte. Vorzugsweise sollte dieses Schloss im Raum der obersteirischen Stadt Leoben sein, in deren Umkreis die Krise die größten Verluste an Arbeitsplätzen verursacht hatte. Tatsächlich wurde ein entsprechender Repräsentativbau einer betagten Baronin in St. Peter-Freienstein bei Leoben gefunden, der geeignet war. Die Entfernung zum Flughafen Graz betrug zwar deutlich mehr als eine Stunde mit dem Auto, aber dieses Problem wollte man wegen der Aussicht auf Arbeitsplätze mit Finten und steirischem Charme lösen. Der amerikanische Topmanager wurde eingeladen, mit Helmut Heidinger, dem damals für Wirtschaftsfragen zuständigen Mitglied der steirischen Landesregierung, vom Flughafen zu dem Schloss nahe Leoben zu fahren, um sich selbst von der bloß einstündigen Fahrzeit zu überzeugen.

Der ÖVP-Politiker instruierte den Chauffeur seines Dienstwagens, wie viel nun von dieser Fahrt abhänge. Er müsse es einfach schaffen, die Strecke in einer Stunde zurückzulegen, es würden Tausende Existenzen davon abhängen. Polizeistrafen wegen Geschwindigkeitsübertretung spielten keine Rolle. Der Fahrer sah das sportlich, raste durch die halbe Steiermark, fuhr mit Tempo 100 durch Ortsgebiete und übertrat viele andere polizeiliche Vorschriften. Auf dem Rücksitz war Heidinger bemüht, den amerikanischen Gast davon abzulenken, was draußen vor sich ging. Heidinger, ein versierter Bankprofi und ausreichend weltgewandt, tat wie der Chauffeur sein Bestes. Man erreichte das Schloss Freienstein in einer guten Stunde. Aber es galt, dasselbe auch auf der Rückfahrt zu schaffen. Die rasende Fahrt ging zu 90 Prozent gut. Aber letztlich stoppte ein Verkehrsstau in Graz die Fahrt entscheidend.

Die Geschichte nahm dennoch ein gutes Ende. Der amerikanische Investor kam in die Steiermark, er bekam sein Schloss, aber nicht bei Leoben, sondern wenige Kilometer vom Flughafen Graz entfernt. Trotzdem war es der hartnäckige Kampf um diesen Investor, der mit dazu beitrug, dass sich die Steiermark für neue Technologien öffnete und das Land ein bedeutender Standort der industriellen Entwicklung und Produktion blieb.

Die Knappenkapelle spielt Biene Maja

Ein Schock für die Region war auch die Stilllegung des Kohlebergbaus im obersteirischen Städtchen Fohnsdorf. Als das Ende des Kohlebergbaus besiegelt war, kam der mächtige Vorsitzende der Metallgewerkschaft, zugleich Bautenminister in der Regierung Kreisky und zudem Präsident des Österreichischen Fußballbundes, Karl Sekanina, nach Fohnsdorf. Es war ein heißer Sommertag, die Luft im überfüllten Volkshaus der Stadt war stickig, die Stimmung der vielen Hundert Knappen war angesichts der schlechten Aussichten grimmig. Sekanina verspätete sich, die Leute wurden unruhig und missmutig. Die Betriebsräte, Gewerkschafter und SPÖ-Funktionäre waren ratlos, und die Fohnsdorfer Knappenkapelle oben auf dem Balkon des Saales tat ihr Bestes, um die endlos scheinende Wartezeit wenigstens musikalisch zu überbrücken. Stück um Stück wurde gespielt, dreimal die Internationale, viermal der Erzherzog-Johann-Jodler und was man sonst im Repertoire hatte. Als dieser mächtige Mann und Parteigenosse endlich eintraf, spielte sich eine fast absurde Szene ab. Der untersetzte Sekanina trug ein schwarzes Jerseyhemd, das er wegen der Hitze tief aufgeknöpft hatte. Er ähnelte damit mehr einem italienischen Faschisten als einem sozialdemokratischen österreichischen Gewerkschaftsführer. Und als er grimmigen Blickes, umgeben von den Gewerkschaftern und Parteifunktionären, das

Fohnsdorfer Volkshaus endlich betrat, spielte die Kapelle gerade die Titelmelodie der populären Fernsehsendung für Kinder, „Biene Maja".

Durch den massiven Einsatz der Politik gelang es, in Fohnsdorf ein Unternehmen anzusiedeln, das Ersatzarbeitsplätze bot. Statt schwerer körperlicher Arbeit unter Tage waren jetzt allerdings feinmechanische Fähigkeiten verlangt. Bundeskanzler Bruno Kreisky eröffnete das Werk persönlich, und es gab eine Führung durch die neuen Produktionsanlagen, an der ich als Berichterstatter teilnahm. Da sah ich einem Mann zu, der mit den kräftigen, großen Händen eines Knappen im Kohlebergwerk nun an einer Maschine eine ziemlich filigrane Arbeit verrichtete. Er blickte kurz zu mir und meinem Fotografen und sagte mit einer Mischung aus Anklage und Resignation: „Ist das eine Arbeit für einen Bergmann?"

Dem Mann dürften meine Anwesenheit, meine Fragerei und das Tun des Fotografen lästig und unangenehm gewesen sein. Er war wahrscheinlich froh und dankbar, dass er nicht arbeitslos geworden war und seine Familie weiter ernähren konnte. Aber glücklich war er in dem neuen beruflichen Umfeld nicht. Mich erinnerte dieser Fohnsdorfer an eine Episode in Friedrich Torbergs sentimentalem Buch „Die Tante Jolesch". Da geht es um eine jüdische Wiener Dame, die um 1940 vor den Nazis nach New York flüchten konnte und auf die Frage, wie sie sich jetzt fühle, antwortete, sie sei „dankbar und unglücklich".

Herr Generaldirektor, gehen Sie!

Ein Ereignis wurde für mich eine persönliche Herausforderung. Kuno Spiegelfeld war Generaldirektor der damals halbstaatlichen Leykam-Mürztaler-AG, eines großen Unternehmens der Papierindustrie, und für mich ein väterlicher Freund. Das Unternehmen war ebenfalls in eine schwere strukturelle Krise geraten, und die war Thema einer Veranstaltung des Betriebsrats am Vorabend des sozialistischen Feiertags am 1. Mai 1980. Die Stimmung unter den Arbeitern war gedrückt bis aggressiv. Der Generaldirektor konnte Beschäftigte und Gewerkschafter nicht überzeugen, dass es bald wieder aufwärtsgehen würde. Zum Abschluss der Veranstaltung hatte ein Betriebsrat und SPÖ-Abgeordneter, Hans-Joachim Ressel, das Wort und nutzte das zu einem Paukenschlag. Er zeichnete mit drastischen Worten das Bild einer schweren Krise des Unternehmens. Mit den Worten: „Herr Generaldirektor, retten Sie die Firma, gehen Sie!", forderte er Spiegelfeld schließlich öffentlich und unmissverständlich zum Rücktritt auf.

Die Situation war nicht einfach für mich. Die Attacke des Betriebsrats war nicht nur eine interne Aufforderung zum Rücktritt, sondern sicher auch politisch abgestimmt. Die Absetzung des Chefs eines Großunternehmens zu fordern, war in jeder Hinsicht eine „Bombe", die Tage meines geachteten Freundes als Generaldirektor waren gezählt. Zurückgekehrt in die Redaktion erzählte ich meinem Vorgesetzten Erwin Zankel von meinem Gewissenskonflikt, und der erinnerte mich sanft, aber bestimmt, an meine Verantwortung gegenüber den Lesern. Was die Zukunft

Spiegelfelds betraf, nahmen die Dinge ihren Lauf. Er selber verhielt sich mir gegenüber auch später stets sehr freundlich, weil ihm bewusst war, dass ich als Journalist so hatte handeln müssen. Einer seiner Söhne rückte allerdings deutlich von mir ab. Er war ein junger Student, und ihm war unverständlich, dass ich seinen Vater in dieser Situation nicht anders behandeln konnte.

Die Arbeitsjubilare

Der Anlass der Veranstaltung, die diese Umwälzung ausgelöst hatte, war eine sogenannte Jubilarehrung. Da würdigen Firmenleitung, Betriebsrat und Gewerkschaft größerer Unternehmen langjährige Mitarbeiter für ihre Treue zum Unternehmen. Für Journalisten sind sie auch eine Gelegenheit, die Vorgänge in den Betrieben nicht nur aus der Perspektive der Manager und Betriebsräte zu erleben. In den Großbetrieben der steirischen Grundstoffindustrie waren solche Jubilarehrungen wichtige regionale Ereignisse. Oft waren es Hunderte, die für 25, 35 oder 40 Jahre Treue zum Betrieb geehrt wurden. Man saß an langen Tischen im örtlichen Großgasthof oder in einem geeigneten Saal. Normalerweise waren solche Jubilarehrungen feierliche Ereignisse mit kurzen Ansprachen des Firmenchefs und der Betriebsräte, der Übergabe kleiner Geschenke und einem anschließenden Essen.

In den Betrieben der Stahlindustrie oder des Bergbaus finden die Jubilarehrungen stets rund um den 4. Dezember statt, dem Tag der Heiligen Barbara, der

Schutzheiligen dieser Berufsgruppe. Es war zwar wahrscheinlich nur eine verschwindende Minderheit dieser Menschen religiös, doch diese Tradition wurde auch in Zeiten, als fast ausschließlich sozialistische Gewerkschafter das Sagen hatten, hochgehalten. Andere Betriebe hielten ihre Jubilarehrungen in den Tagen vor dem 1. Mai ab, dem internationalen Feiertag der Arbeit. Das entsprach schon eher den sozialistischen Gepflogenheiten.

Diese Feiern boten mir einen kleinen Einblick in unsere Industriekultur. Ich erlebte die Arbeiter unmittelbar, sah erstmals auch ihre Frauen, die ebenfalls eingeladen waren, sah die vom Arbeitsleben gezeichneten Gesichter, die kräftigen Hände, die starken Finger, mit denen sich so mancher in den Hemdkragen fuhr, der durch die obligatorische, aber ungewohnte Krawatte Unbehagen bereitete. Diese hartgesottenen Männer – Frauen waren in der eindeutigen Minderheit – erhoben sich mit weichen Knien, wenn die Reihe an ihnen war, vor aller Augen zum Podium zu gehen, um Geschenke, Anerkennung und Händedruck entgegenzunehmen. Das höhnische, aber kameradschaftliche Grinsen der Kollegen, die es schon überstanden hatten, begleitete sie auf ihrem Gang, den sie wohl als schwer empfanden, aber nicht missen mochten.

Viele dieser Begegnungen waren für mich als Berichterstatter auch Gratwanderungen. Meine Aufgabe war es, über solche Anlässe mit der nötigen kritischen Distanz zu berichten, und nicht so, dass die Teilnehmer in der *Kleinen Zeitung* einen Tag später genau das wiederfanden, was sie erlebt hatten. Mein Beruf und meine Überzeugung mahnten mich, auch auf die große Zahl aller anderen Leser zu achten, die nicht dabei waren und denen ich genauso verpflichtet war wie denen, die an den Betriebsversammlungen und Jubilarehrungen teilgenommen hatten. Die, die nicht als direkt Betroffene um ihre Existenz bangten. Die, die ihr Steuergeld in den verstaatlichten Krisenbetrieben unwiederbringlich versickern sahen. Die, die weniger Wissen und weniger Emotion hatten als die Betroffenen. Die, die selber Probleme hatten, aber ganz andere.

Höhepunkt und Wende der Krise

Nach rund zehn Krisenjahren waren Mitte der Achtzigerjahre alle Beteiligten ziemlich zermürbt. Gutachten international angesehener Managementexperten empfahlen zum x-ten Mal Umstrukturierungen und Kostensenkungen, um den gesunden Kern der Unternehmen zu retten. Bis zuletzt wehrte sich die Regierung Kreisky gegen die erforderlichen harten Maßnahmen und steckte auf verschiedene Arten Steuergelder in die Betriebe. Die Lage war zum Verzweifeln. Die *Kleine Zeitung* berichtete, dass das Stahlwerk Donawitz zum Beispiel Verluste hatte, die höher waren als die Personalkosten. Es wäre billiger gewesen, die Hochöfen abzustellen und die Beschäftigten bei vollen Löhnen und Gehältern nach Hause zu schicken. Kreisky, sein glückloser Nachfolger Fred Sinowatz, Bundeskanzler von 1983 bis 1986, die SPÖ, die Gewerkschaften und die ihr nahe stehenden Manager der Staatsbetriebe versuchten mit allen Mitteln, die Krise irgendwie zu überstehen.

Um Arbeitsplätze zu erhalten, unternahm die Voest-Alpine unter ihrem Generaldirektor Heribert Apfalter viele, auch geradezu verzweifelte Versuche. So veranlasste der Stahlkonzern eine Tochterfirma namens Intertrading, in das lukrative Geschäft mit Erdölspekulationen einzusteigen. Das ging für die Neulinge in dem riskanten Markt nur eine Zeit lang gut, dann aber gründlich schief. Als Ende 1985 zu den Milliardendefiziten der verstaatlichten Stahlindustrie auch noch milliardenschwere Spekulationsverluste aus Ölgeschäften bekannt wurden, zog der zuständige SPÖ-Minister Ferdinand Lacina die Notbremse. Über das Radio erklärte er den gesamten Vorstand der Voest-Alpine für abgesetzt; das war die größte Bombe der österreichischen Industriegeschichte. Die verstaatlichte Stahlindustrie Österreichs in ihrer bisherigen Form war in der Krise gescheitert.

Kanonen gegen die Krise

Um in der Krise zu retten, was zu retten ist, hatte die alte Führung der Voest-Alpine nicht nur den Einstieg ins Ölgeschäft versucht, sondern auch in die Waffenproduktion. Im Noricum-Werk Liezen in der Obersteiermark wurde eine Superkanone entwickelt und gebaut. Der Staatsvertrag mit den Siegermächten des Zweiten Weltkriegs untersagte dem österreichischen Bundesheer aber so schwere Waffen, also blieb nur der Export. Der ist in der Rüstungsbranche auch politisch ein heikles Geschäft, weil jede Lieferung von der Regierung geprüft und genehmigt werden muss. 1985 wurde bekannt, dass bei den Exportlizenzen gemogelt wurde. Hunderte Noricum-Kanonen wurden in die damals Krieg führenden Nahoststaaten Irak und Iran geliefert. Um das zu vertuschen, waren sie auf dem Papier aber für Libyen bestimmt, damals angeblich ein unproblematischer Staat. Der Skandal war perfekt, als ein österreichischer Diplomat, der mit der Sache befasst war, unter mysteriösen Umständen ums Leben kam. Es gab Prozesse, wobei sogar ein Mitglied der Bundesregierung, Innenminister Karl Blecha, wegen Urkundenunterdrückung verurteilt wurde. Ein Untersuchungsausschuss des Nationalrats machte die politische Verantwortung von SPÖ-Ministern fest. Für die steirischen Leser der *Kleinen Zeitung* war wichtiger, dass wieder Hunderte Arbeitsplätze verloren waren.

Es ist bezeichnend, dass am Höhepunkt der Stahlkrise ein allerletztes Mal die Macht der Betriebskaiser aufflackerte. Zunächst demonstrierten die Gewerkschafter in großen Kundgebungen in Linz mit 40.000 und in Donawitz mit 10.000 wütenden Teilnehmern ihre Macht, die doch nur Ohnmacht war. Bei der Nachfolge des entlassenen Vorstands der Voest-Alpine Ende 1985 setzte sich der oberste Betriebsrat der Voest-Alpine, Franz Ruhaltinger, ein letztes Mal durch. Er lehnte den von der Regierung vorgesehenen Rudolf Streicher als Generaldirektor rundweg ab. SPÖ-Bundeskanzler Fred Sinowatz beugte sich dem Diktat und kassierte dafür heftige Kritik der Öffentlichkeit. Streicher war ein erfolgreicher Manager und zudem SPÖ-Mitglied, hatte aber bei Gewerkschaft und Partei einen „Makel". Er hatte einen anderen verstaatlichten Konzern, die Aluminiumhütte AMAG, mit harter Hand und unvermeidlichem Personalabbau erfolgreich saniert. Der Gewerkschafter Ruhaltinger setzte bei der Regierung Rudolf Kirchweger als „Stahlgeneral" durch, den Chef eines anderen verstaatlichten Konzerns, der Chemie-Linz, ebenfalls ein SPÖ-Getreuer. Doch das ging nicht gut. Gleich nach seiner Berufung wurde bekannt, dass es unter Kirchwegers Führung im Chemiekonzern ebenfalls hohe Verluste mit Erdölspekulationen gegeben hatte. Der Manager war nur wenige Wochen Voest-Chef von Gnaden der Gewerkschaft.

Das Ende der Parteibuch-Manager

Nachdem auch dieses Kapitel der parteipolitischen Einflussnahme erledigt war, wurden mit wenigen Ausnahmen alle politisch punzierten Manager der Stahlbetriebe in die Wüste geschickt und tatsächlich Personen ausschließlich aufgrund ihrer Qualifikation an die Schaltstellen gesetzt. So wurde 1986 der deutsche Ölmanager Herbert Lewinsky Generaldirektor der Voest-Alpine, ein blaublütiger Hüttenexperte, Ludwig von Bogdandy, Technikchef. Der ÖVP-nahe Experte Claus Raidl, den die SPÖ jahrelang als Kassandra denunziert hatte, bewährte sich ebenso als Sanierer wie der SPÖ-nahe Stahlmanager Peter Strahammer. Die ganze verstaatlichte Industrie wurde durch harte Sanierungsschritte und einen unvermeidlichen Personalabbau zukunftsfähig gemacht. Die guten Betriebe kamen ab 1995 an die Börse, die weniger guten verschwanden sang- und klanglos von der Bildfläche.

Jetzt schlug auch wieder die Stunde der ÖVP, die von Bruno Kreisky 15 Jahre mit allen Mitteln von der Macht ferngehalten worden war. In den schmerzhaften Sanierungsprozessen war die wirtschaftspolitische Erfahrung von Fachleuten wieder gefragt, die ihr nahe standen. Schon 1986, also binnen Jahresfrist, war die Partei Alois Mocks Juniorpartner der SPÖ unter dem neuen Bundeskanzler Franz Vranitzky. Die nächsten Jahre waren für Österreich auch abseits der Krisenindustrien von Reformen geprägt, die mit denen der frühen Kreisky-Ära vergleichbar waren. Aber der Altmeister der SPÖ hatte seine Neuerungen medial weit besser verkauft als das Duo Vranitzky/Mock.

Für die Steiermark und besonders die Menschen in der Industrieregion des Nordens waren das fürchterliche Jahre. Das ist in zahlreichen Berichten der *Kleinen Zeitung* nachzulesen. Von 1980 bis 1995 gingen in den Bezirken der Mur- und Mürzfurche fast 15.000 Arbeitsplätze verloren, das war ein Viertel der Beschäftigung. Dazu kommt, dass es schon in den Jahren zuvor kaum Aufnahmen junger Arbeitskräfte gegeben hatte. Der Einfluss der SPÖ und der Gewerkschaften schrumpfte. In der damaligen Gewerkschaft Metall-Bergbau-Energie sank die Zahl der steirischen Mitglieder zwischen 1975 und 1986 von 75.000 auf 60.000. Was die Beschäftigung betrifft, ist es ein sehr kleiner Trost, dass in der gleichen Zeit im Raum Graz und in der südlichen Steiermark weit mehr Arbeitsplätze entstanden, als im Oberland verloren gingen.

KLEINE ZEITUNG

Graz, Freitag, 19. November 1976 Nr. 269
Österreichs größte Bundesländerzeitung
Unabhängig P.b.b. S 4.—
Erscheinungsort Graz Verlagspostamt 8020
TELEFON 0 31 22/77 5 61-0 Dinar 8.— / Lire 300.—

Wien. — Gestern abend startete der ORF sein Prämienspiel zugunsten der Krebsliga. Wer Kunstkarten zum Preis von je 20 S kauft und diese richtig beantwortet einschickt, nimmt an der Verlosung von Preisen teil. Beachten Sie dazu die Seite 10.

Helfen Sie uns im Kampf gegen den KREBS

Heute wieder zwei Ehrentafeln (S. 10/11)

Puch-Mercedes: Ab 1978 Geländewagen aus Graz

Graz. — Nach einer Serie betrüblicher Meldungen über Pleiten und drohende Betriebsschließungen endlich wieder eine gute Nachricht für die steirische Wirtschaft: Die Verhandlungen zwischen Steyr-Puch und dem deutschen Mercedes-Konzern über den Bau von Geländefahrzeugen in Graz stehen vor dem Abschluß. Der Vertrag soll Anfang des kommenden Jahres unterzeichnet werden. Mit einem Kostenaufwand von 500 bis 600 Millionen Schilling wird in Thondorf die neue Fabrik mit etwa 1000 Beschäftigten errichtet. Ab 1978 soll die Serienfertigung beginnen, die vorerst auf etwa 10.000 Einheiten pro Jahr ausgelegt ist. Der Geländewagen wurde in Graz entwickelt. Mercedes wird den Motor liefern und den Verkauf über sein weltweites Vertriebsnetz übernehmen. Am Geländefahrzeugprojekt sind Puch und Mercedes je zur Hälfte beteiligt. (Seite 7)

„Kleine-Zeitung"-Karikatur Pietro R. Hausn

Kinder-Jeans
für 5 bis 10 Jahre, ab **69.—**
Preis nach Größen steigend

Mädchen-Jacken
mit Steppfutter, für 6 bis 14 Jahre, ab **290.—**
Preis nach Größen steigend

In allen KASTNER & ÖHLER-Kaufhäusern

KASTNER & ÖHLER

Attentat auf den Richter
BERICHT AUF DEN SEITEN 8/9

Manchmal gab es gute Botschaften mit nachhaltiger Wirkung: eine Titelseite 1976.

Erfolg auf steirisch.

Es ist ein Missverständnis, zu glauben, die Stahlkrise sei einfach irgendwann zu Ende gegangen. Globale Veränderungen und technische Revolutionen zwangen die Unternehmen, ihren Standort neu zu bestimmen. Wer sich am längsten gegen das Unvermeidliche von Strukturreformen in der Industrie gewehrt hatte, vergeudete in der Regel das meiste Steuergeld und verpasste auch noch die Überfuhr in die Zukunft. Diese Erkenntnis ist in Österreich und der Steiermark spät gereift, aber immer noch früher als in anderen Industrieregionen Europas. Erst als sich in den Köpfen festsetzte, dass schmerzliche Reformprozesse unabwendbar waren, konnte die Steiermark nach unglaublich harten Zeiten wieder eine neue wirtschaftliche Erfolgsgeschichte zu schreiben beginnen. Geduldig haben wir von der *Kleinen Zeitung* unseren Lesern diese Zusammenhänge zu erklären versucht.

Eine wichtige Grundlage für die Wende zum Besseren war, dass es in der Steiermark das gibt, was man Industriekultur nennt. Diese besteht im Wesentlichen aus einem wirtschaftsfreundlichen Klima, das Innovationen begünstigt. Dazu gehört auch eine Arbeiterschaft, die weiß, dass sie davon profitiert, wenn ihre Arbeitgeber wettbewerbsfähig sind. An dieser Stelle ist ein Bekenntnis zu den Gewerkschaften fällig. Es gab viele schwere Umbrüche seit dem Jahr 1973, aber keine wirtschaftliche Chance im Land ist am Widerstand des ÖGB und der Betriebsräte gescheitert. Österreich blieb vor klassenkämpferischem Sektierertum gegen böse Konzerne – das Klima, das in anderen europäischen Ländern eine Deindustrialisierung ausgelöst hatte – weitgehend verschont. Bei aller politischen Rivalität zwischen SPÖ und ÖVP gab es einen ungeschriebenen Konsens, dass die Grundstoffindustrie, die in den Krisenjahren hohe Verluste schrieb, immer genug Finanzmittel für Investitionen zu bekommen hatte. So blieb ein zukunftsfähiger Kern etwa der Stahlwerke erhalten, und es unterblieb jene Entwicklung, die später als Kaputtsparen bezeichnet wurde.

Vom Austro-Porsche zum Autocluster

Die *Kleine Zeitung* war immer sehr kritisch, wenn es um die Wirtschaftspolitik Bruno Kreiskys ging. Aber sie hat eine sehr wichtige industriepolitische Entscheidung hervorgehoben, die anfangs eher belächelt worden war. Kreisky gab schon 1975 die Parole aus, dass Österreich eine eigene Automobilproduktion brauche, und gab dem Projekt sogar ein durchaus schillerndes Stichwort: Austro-Porsche. Die SPÖ-Regierung und die Wirtschaft hatten erkannt, dass das Land zu viel importierte und zu wenig exportierte. Viele Milliarden Schilling an Devisen flossen jährlich in den Import von Autos, aber die eigene, durchaus hoch entwickelte Industrie wurde von den Autokonzernen in Deutschland, Italien oder Frankreich links liegen gelassen. Dabei war die heimische Industrie in vielen Bereichen durchaus wettbewerbsfähig. Aus dieser Situation entwickelte sich Kreiskys Austro-Porsche-Initiative. Der Bundeskanzler reiste im Sommer 1977 mit großer Begleitung nach Stuttgart, um mit der Firma Porsche die Möglichkeiten der Autoproduktion in Österreich zu erörtern. Immerhin hatte Porsche seine Wurzeln im Lande.

Aus dem Projekt wurde zwar nichts, aber die deutsche Autoindustrie verstand die Botschaft, österreichische Firmen stärker einzubinden. Man kann heute sagen – und ich habe das in der *Kleinen Zeitung* getan –, das war wahrscheinlich die wichtigste und erfolgreichste industriepolitische Initiative Österreichs aller Zeiten. Ableger internationaler Autokonzerne und heimische Unternehmen haben im Land in relativ kurzer Zeit einen bedeutenden Sektor der Fahrzeugproduktion aus dem Boden gestampft, vor allem in Form von Zulieferbetrieben, aber auch eigene Autoproduktionen.

40 Jahre nach Bruno Kreiskys Austro-Porsche-Idee exportiert Österreich mehr an Teilen für die Autoproduktion, als es an Fahrzeugen importiert. Durch die Krise der Grundstoffindustrie waren zuvor zwar Zehntausende Arbeitsplätze verloren gegangen, doch die Offensive im Autosektor brachte wieder viele neue Beschäftigungsmöglichkeiten gerade in den Regionen, die von der Krise betroffen waren. Auch die Überzeugung, dass nur wettbewerbsfähige Betriebe nachhaltig Arbeit schaffen – die etwas in den Hintergrund gerückt war –, bestätigte sich eindrucksvoll. So gewannen Investoren den Eindruck, dass es sich rentiert, in Österreich zu produzieren und Arbeitsplätze zu schaffen.

Ein Mercedes aus Graz

In der Steiermark war diese positive Entwicklung besonders ausgeprägt. Die Landespolitik stellte sich an die Seite der Wirtschaft, setzte auf die Chancen des Automobilsektors und bündelte alle unternehmerischen Initiativen im Autocluster. Die ab 1988 für Wirtschaftsfragen zuständige Landesrätin Waltraud Klasnic, später Landeshauptfrau, war eine stille, aber zähe Kämpferin für diese Zukunftschance, ohne die das Land seine späteren Erfolge nicht hätte erringen können. Unter ihrem Nachfolger Herbert Paierl wurde im Autocluster ein beachtliches Netzwerk von Firmen und Forschungseinrichtungen mit engen Kontakten zur internationalen Autoindustrie aufgebaut. Es gab Kritik, dass die Steiermark zu sehr von einer einzigen Industriebranche abhängig werde und dass das Auto aus ökologischen Gründen keine lange Zukunft habe. Das Land hatte aber keine andere realistische Option als diese, die Folgen der Krisenjahre zu überwinden.

Eines der Kernstücke des Automobilclusters war das Puch-Werk im Süden von Graz, wo die Tüchtigkeit der Ingenieure einem veralteten Industriebetrieb neues Leben einhauchte. Die Fabrik der einstigen halbstaatlichen Steyr-Daimler-Puch-AG hatte in guten Zeiten 5000 Beschäftigte; sie war spezialisiert auf Fahr- und Motorräder, baute einen Fiat-Kleinwagen – den in Österreich beliebten Puch 500 – und fertigte mit eigener Technik Geländewagen für das kleine österreichische Bundesheer. Mit fortschreitender Globalisierung war das große Werk Ende der Siebzigerjahre des 20. Jahrhunderts aber ein Produktionsbauchladen mit höchst beschränkter Lebensdauer geworden.

Die Rettung war, dass die Allradtechniker ein so hohes technisches und industrielles Wissen erworben hatten, das den Weltkonzern Daimler-Benz auf sie aufmerksam machte. Die Stuttgarter beauftragten die Grazer 1976 mit dem Entwurf eines eleganten Geländewagens. Der weltbekannte und legendär gewordene Mercedes-Typ G wurde nicht nur in Graz konstruiert, sondern wird bis heute auch hier gebaut und weiterentwickelt. Damit bekam das Puch-Werk auch Kenntnisse in der Autoproduktion und etablierte sich in der Folge als anerkannter Spezialist für die Fertigung kleiner Serien von besonderen Autos. Fahrzeuge wie der Chrysler Voyager, der Mini, der BMW X3 oder spektakuläre Cabriolets diverser Marken bewiesen die Kompetenz der Grazer Fahrzeugbauer. Diese gute Entwicklung steigerte sich noch, als der austro-kanadische Unternehmer Frank Stronach Steyr-Daimler-Puch übernahm und das Werk in seinen weltumspannenden Magna-Konzern eingliederte.

Arbeiter auf der Schulbank

Als Berichterstatter verfolgte ich nicht nur die Krisenzeiten dieses Grazer Unternehmens, sondern auch die spannende Zeit der Umstellungen. Die neuen Produktionen erforderten von den Arbeitern ganz andere Fähigkeiten und Kenntnisse als die Erzeugung von Fahrrädern und Mopeds, die in Graz-Thondorf lange dominiert hatte. Die Firmenleitung und das WIFI, die Bildungsabteilung der steirischen Wirtschaftskammer, organisierten 1984 ein umfangreiches Umschulungsprogramm für Hunderte Frauen und Männer. Andernfalls hätte es für sie keine Arbeit mehr gegeben. Es war für mich eine neue Erfahrung, diese Arbeiter auf der Schulbank, bei der Einweisung in neue Arbeitsabläufe und beim Kennenlernen neuartiger Techniken und Verfahren zu beobachten.

Es gibt viele Beispiele, die zeigen, wie die Steiermark darum kämpfte, wirtschaftlich wieder in die Erfolgsspur zu finden. Eine der Schlüsseltechnologien war die Mikroelektronik, doch gab es in den ansässigen Firmen geringe Kenntnisse, die industriell verwertbar waren. Eine der wenigen Ausnahmen war die Grazer Firma AVL, ein weltweit anerkannter Spezialist der Motoren- und Messtechnik. Das Profil von AVL war zweifach hilfreich. Es gab hier Profis an der Schnittstelle zwischen Wissenschaft und Wirtschaft, und das Unternehmen passte ideal in den Autocluster.

Um auf dem Sektor der neuen Technologien auf breiter Basis Fuß zu fassen, waren Partnerschaften mit international agierenden Unternehmen und Forschungseinrichtungen erforderlich. Es ging darum, Konzerne anzulocken und zu überzeugen, dass sich Investitionen in der Steiermark lohnen würden. Sehr hilfreich war, dass es an der Technischen Universität in Graz eine Reihe von Wissenschaftlern gab, die auf diesem Gebiet auf der Höhe der Zeit waren. Die Verantwortlichen kämpften mit oft abenteuerlichen Methoden um die Ansiedlung zukunftsträchtiger Produktionen. Mit dem Abstand der Jahre kann man sagen, dass Arbeitnehmer und Unternehmer der Steiermark auch hier erfolgreiche industrielle Grundlagen geschaffen haben. Dazu werden auch Förderungen der Landesregierung beigetragen haben, die ihre Strategie geändert hatte und bei der Vergabe der knappen Gelder vom Gießkannenprinzip abgegangen war. Durch diese Hilfen wurde die Steiermark eine der Regionen Europas mit einer besonders hohen Forschungsquote und einem entsprechenden Zukunftspotenzial.

Europa hat Österreich entfesselt

„Österreich steht im heutigen Europa gut da, besser als die meisten anderen EU-Länder. Das gelang, weil die Menschen die Möglichkeiten beim Schopf packten, die Europa ihnen bietet. Der Beitritt zur EU und die Osterweiterung haben in Österreich positive Kräfte geradezu entfesselt. Wir waren lange die sympathische, aber etwas abgekapselte, wenig erfolgsorientierte und selbstgefällige Republik der Skilehrer und Sängerknaben. Aber durch die EU ist Österreich ein modernes und dynamisches Land im Herzen Europas geworden. Kein Land der EU hat von der Erweiterung so profitiert wie Österreich, weil seine Bürger die neuen Chancen und Freiheiten erkannten und nützten. Durch die Erweiterung der EU nach Osten und Südosten wurden diese Länder und Märkte für unsere Unternehmer, für die Arbeitnehmer, für die Studierenden und die Reisenden so nahe und vielversprechend, wie es Bayern und Norditalien sind. Es ist ein großer Vorteil, wenn Warschau uns näher liegt als Frankfurt und die bulgarische Hauptstadt Sofia näher ist als Amsterdam."

Diese Sätze habe ich 2014 in einer Publikation für Schüler anlässlich des 20. Jahrestags der EU-Mitgliedschaft geschrieben. Nicht erst seit meiner Zeit als EU-Korrespondent der *Kleinen Zeitung* in Brüssel stehe ich dazu, dass Europa für die Steiermark eine Erfolgsgeschichte ist. Als Industrieregion war das Bundesland ohnehin stark in den Binnenmarkt erst der EWG, dann der EG und schließlich der EU eingebunden. Mit Österreichs Beitritt zur Europäischen Union 1995 und mit dem Ende der kommunistischen

Diktaturen in den osteuropäischen Nachbarländern davor wurde diese Entwicklung besonders dynamisch.

Oft wird übersehen, dass die Steiermark in Bezug auf Europa eine ungünstige Ausgangslage hat. Das Land liegt an der Südseite der Alpen und aus der Perspektive der EU-Kernmärkte gewissermaßen auf der falschen Seite. Produkte müssen längere und teurere Transportwege zu den wichtigsten Absatzmärkten zurücklegen als etwa die der oberösterreichischen oder Tiroler Konkurrenz. Zudem lagen die östlichen und südlichen Teile der Steiermark 40 Jahre im düsteren Schatten des Eisernen Vorhangs, der das freie vom kommunistischen Europa trennte. Die ÖVP-Mehrheit in der Steiermark hat über mehrere Jahrzehnte hartnäckig Förderungen der Grenzregionen vorangetrieben und ist dafür belächelt worden. Aber diese Bemühungen waren es, die letztlich verhinderten, dass sich diese benachteiligten ländlichen Gebiete entvölkerten. Umso befreiender wurde hier das Ende der Teilung Europas empfunden und umso rasanter war in den steirischen Grenzregionen der wirtschaftliche Aufholprozess, der gelegentlich ein Überholvorgang wurde.

Misstrauen gegen die EU

Der EU-Beitritt 1995 hatte nicht allen behagt. Die Gewerkschaften und mit ihr die SPÖ misstrauten viele Jahre lang den Regeln des Wettbewerbs, weil sie im freien Spiel der Marktkräfte Gefahr für Arbeitsplätze befürchteten. Auch Kleinunternehmer und Bauern hatten es sich in geschützten Wirtschaftsbereichen bequem gemacht, die durch Marktordnungen und andere Regulierungen nicht voll im Wettbewerb standen. Vor nicht allzu langer Zeit gab es im Land noch ein Bierkartell oder ein Kartell der Spanplattenindustrie, in den Lebensmittelgeschäften konnte man eine einzige Sorte Frischmilch kaufen, und Frühkartoffeln aus dem Süden gab es alljährlich erst im Juni, wenn die heimischen Bauern auch die letzten halb verschimmelten Erdäpfel vom Vorjahr an den Mann gebracht hatten. Auch für die Bürokratie auf allen Verwaltungsebenen war Europa eine Herausforderung. Viele Vorschriften mussten verändert werden, was manche Beamte wohl eher ungern taten, während andere die neuen Möglichkeiten als Akte der Befreiung nutzten. Vermeintlich wohl Erworbenes stand auf dem Prüfstand. Veränderungen in diesem Umfang und mit dieser Tragweite gab es erst 20 Jahre später wieder, als die Partnerschaft von SPÖ und ÖVP ab 2011 Reformen in den Strukturen der Steiermark auf den Weg brachte.

Die Mitgliedschaft in der EU räumte mit vielen schlechten Gewohnheiten auf. Günstlingswirtschaft der öffentlichen Hand wurde unterbunden. Die Politik konnte bei Firmenpleiten zur Rettung von Arbeitsplätzen nicht mehr hemmungslos Hilfen aus Steuergeldern einsetzen. Denn die europäischen Wettbewerbsregeln sollten eben verhindern, dass es zu unkontrollierbaren nationalen Subventionswettläufen kommt. Diesen Regeln hatte Österreich mit dem Beitritt zugestimmt.

Solche Tatsachen waren den Lesern der *Kleinen Zeitung* nicht einfach zu vermitteln. Denn mit dem

EU-Beitritt hatte 1995 nicht nur Österreichs Mitgliedschaft begonnen, sondern SPÖ und ÖVP hatten auch jede konstruktive Auseinandersetzung zum Thema Europa beendet. Das Resultat war, dass fortan die EU-Skeptiker der FPÖ und – mit einer Methode, die an Gehirnwäsche erinnert – eine Wiener Boulevardzeitung inhaltlich die Positionierung der EU im Empfinden der Österreicher bestimmten.

Reform oder Erfolg

Die großen Erneuerungen in der steirischen Wirtschaft durch die EU-Mitgliedschaft und zuletzt durch den Reformkurs der Landespolitik ab 2011 dürfen nicht so verstanden werden, als gäbe es im Land eine fundamentale Reformresistenz. Die Menschen in der Steiermark verhalten sich gegenüber Veränderungen nicht anders als viele Bürger. Als Redakteur habe ich viele Prozesse begleitet, die sehr unterschiedlich verlaufen sind. Eine Erscheinung hat es aber immer gegeben: Gegner von Reformen können sich gegen Veränderungen auf sehr unangenehme Art zur Wehr setzen, indem sie den Argumenten Emotionen entgegensetzen.

In der Steiermark sind mir aber freiwillige Reformprozesse in Erinnerung – oder jedenfalls Entwicklungen, die sich mit dem Wort Reform schmückten. Zu den eifrigsten auf diesem Gebiet gehörte die steirische ÖVP, die von 1945 bis 2005 stärkste Partei im Lande war und den Landeshauptmann stellte. Josef Krainer, Landeshauptmann von 1981 bis 1996, und sein politischer Ziehsohn Gerhard Hirschmann wollten als

Reformer in die Geschichte eingehen und muteten ihren Parteifreunden allerhand zu. Der politische Erfolg hielt mit dem Elan des Reformeifers allerdings selten mit. Erfolg hatten Krainer und Hirschmann eher bei den Medien als bei den Parteimitgliedern und Wählern. Es war natürlich nicht so, dass die Sozialdemokraten der steirischen SPÖ in eigener Sache reformunwillig gewesen wären. Aber diese sehr zentralistische Kaderpartei beschäftigte sich lieber mit praktischer Politik als mit papierenen Veränderungen. Deshalb ist sie seit 1970 die stärkste Partei in Österreich und stellte mit nur einer kurzen Unterbrechung immer den Bundeskanzler.

Jede Reform ist unvollendet

Veränderungen in Organisationen und später die große Strukturreform des Landes Steiermark mit der Zusammenlegung von Gemeinden und der Straffung der Landesverwaltung sind knifflige Aufgaben. Diejenigen, deren Position infrage gestellt wird, stellen sich als unschuldige Opfer dar und brandmarken die Beförderer des Wandels als herzlose Zerstörer gesund gewachsener Strukturen. Wenn es um ihre Posten ging, erlebte ich rechtschaffene Unternehmer oder Landwirte, die stets mit Vernunft für ihre eigene Existenz und für die Belange ihrer Standesvertretung eingetreten waren, mit einem Mal als emotionsgesteuerte und argumentationsferne Aktivisten.

Krisenberichterstatter: bei einer Betriebsversammlung in einem obersteirischen Industriebetrieb, 1979.

Die Pleiten des ÖGB

Eine der großen beruflichen Interessenvertretungen musste einen schmerzlichen Reformkurs unfreiwillig in Angriff nehmen. Der Österreichische Gewerkschaftsbund ÖGB geriet 2006 an den Rand des Zusammenbruchs. Manager und Funktionäre hatten die traditionsreiche Bank des ÖGB, die Bank für Arbeit und Wirtschaft (Bawag), mit haarsträubenden Spekulationen in die Pleite manövriert. Eine der politisch einflussreichsten Institutionen der Republik, eine Säule der Sozialpartnerschaft, ein Herzstück der SPÖ und der Arbeiterbewegung mit damals mehr als 1,2 Millionen Mitgliedern, stand vor dem Nichts. Unter diesem Druck mussten die ÖGB-Funktionäre erst das Familiensilber verkaufen und gingen dann an das schwere Werk der Reform. Sie legten zahlreiche Organisationseinheiten zusammen, um mit weniger Aufwand dennoch eine maximale Betreuung ihrer Mitglieder zu gewährleisten, und trennten sich von Strukturen, die mehr lieb geworden als effizient waren.

Schon ein Jahrzehnt vorher, 1995, erlebte der ÖGB einen dramatischen Niedergang mit der Pleite seines größten Unternehmens, dem genossenschaftlich organisierten Konsum Österreich. Mit 15.000 Mitarbeitern war er der größte Handelsbetrieb des Landes. Misswirtschaft der Manager und Ahnungslosigkeit der Gewerkschaftsfunktionäre in den Aufsichtsgremien führten dieses einst wichtige Standbein der sozialdemokratischen Bewegung in den Konkurs.

Doch die Österreicher beeindruckte die ziemlich augenscheinliche Unfähigkeit sozialdemokratischer

Funktionäre als Betriebsführer nicht, die zur größten Insolvenz aller Zeiten geführt hatte. Trotz der blamablen Konsum-Pleite bestätigten sie bei den Nationalratswahlen 1995 den Primat der SPÖ, das Land zu führen. Auch die Beinahe-Katastrophe des ÖGB im Bawag-Skandal 2006 beeindruckte die Bürger wenig. Sie wählten die ÖVP ab, die viele eigene Fehler gemacht hatte, und vertrauten wieder einem SPÖ-Bundeskanzler die Geschicke der Republik an.

Der Kampf gegen den Transitverkehr

Die Lage Österreichs am Ostrand der Alpen und nahe der Mitte Europas bescherte einigen Regionen eine gewaltige kontinentale Verkehrslawine. Einerseits trennten die österreichischen Berge die dynamischen Regionen Oberitaliens und Deutschlands, und andererseits führte die zügigste Verbindung von Südosteuropa in die Mitte des Kontinents durch das gebirgige Land. Das brachte Österreich auf den Transitrouten unverschuldet ein beträchtliches Verkehrschaos. Anfang der Siebzigerjahre reichte es den Menschen, die am Rande der steirischen Transitstraßen lebten. Sie hatten die Belastungen endgültig satt, die ausländische Lastwagen und Pkw Tag und Nacht auf der Fahrt zwischen Istanbul und Hamburg verursachten. Friedliche Bewohner des Städtchens Wildon südlich von Graz oder von idyllischen Tiroler Alpentälern wehrten sich nach jahrzehntelanger Belästigung irgendwann so vehement wie verzweifelt gegen die Verschlechterung ihrer Lebens- und Umweltbedingungen. Es war nicht absehbar, dass der Lärm und die Abgase irgendwann nachlassen würden.

In der Steiermark stand die *Kleine Zeitung* auf der Seite dieser Menschen. 1977 schwang sich das Blatt mit einer Unterschriftenaktion an die Spitze der Landsleute, die von dieser Belastung einfach genug hatten. Proteste der Bürger, Lobbying der Wirtschaft, die Aktion der *Kleinen Zeitung* und der Dialog mit einer einsichtigen Politik bewirkten, dass die unsägliche „Gastarbeiterroute", die sich von Süd nach Nord auf schmalen Straßen durch das Land wand, schrittweise auf eine neu gebaute Autobahn umgeleitet wurde. Dieser Prozess währte Jahrzehnte und war ein Segen für die Menschen im Land, trug aber nicht immer zur Verschönerung des Landschaftsbildes bei.

Straßenkampf im Ennstal

Die neue Autobahn von Deutschland bis zum damaligen Jugoslawien hinterließ aber eine Lücke im oberen Ennstal auf dem Weg nach Salzburg. Dort führte die Straßenverbindung noch immer durch viele Ortschaften und entsprach nicht den Anforderungen der Pendler, die zur Arbeit fuhren, sowie der Wirtschaft und des Fremdenverkehrs, die den Menschen Arbeit gaben.

Der logische Plan, diese Lücke ebenfalls zu schließen, stieß aber auf neuen, unerwarteten und unerwartet heftigen Widerstand. Die Ökobewegung wollte mit Unterstützung der Partei der Grünen dem Streben Einhalt bieten, die Menschen entlang der Transitrouten von der Belastung durch Verkehrsstau, Staub und Lärm in ihrer Nähe zu befreien. Sie befürchtete Nachteile für die Umwelt. Ihr Kampf gegen den Transitverkehr war zugleich ein Manifest gegen die Interessen der lokalen Bürger, die durch eine verbesserte Straßenverbindung Vorteile für sich selbst erhofften. Gegen die Interessen der Menschen wurden die eines bis dahin weitgehend unbekannten indigenen Bewohners des Ennstales, der Vogelart Wachtelkönig (Crex crex), ins Treffen geführt. Die Betroffenen und die Politik waren auf so eine Art von Widerstand nicht vorbereitet.

Denn die Aktivisten der Ökobewegung inszenierten auf den Baustellen der geplanten Straße Menschenblockaden, die gute Bilder fürs Fernsehen und die Titelseiten der Zeitungen abgaben. Zum Zweck, der die Mittel heiligt, gehörte der Effekt, dass die Polizei gar nicht gut aussah und entsprechend verhöhnt werden konnte. Die Aktivisten und die Grünen gaben dem Werk der Verhinderung auch ein sympathisch klingendes Kürzel: NETT. Nett ist doch niedlich und wurde von den meisten Medien auch entsprechend transportiert. NETT stand aber für ein unversöhnliches „Nein zur ennsnahen Transittrasse". Es ist nicht überliefert, wie viele Menschenleben im Ennstal zu Schaden kamen, weil die Straße wegen des Widerstandes der Ökoaktivisten nicht gebaut wurde. Es ist aber auch nicht bekannt, ob der Wachtelkönig davon nachhaltig profitiert hat.

DAS WETTER

Nur Kärnten blockiert
Flüchtlings-Aufteilung

BERICHT SEITE 7

HEUTE

Nach Brand im LNKH: Rauchmelder gefordert

Schwere Kritik übte die Feuerwehr nach dem Brand Dienstag auf der Kinderstation des Landesnervenkrankenhauses.

SEITEN 8/9

Wiener tötet seine ganze Familie und legt Feuer

Ein Wiener erschoß seine Frau, die zwei Kinder, die Mutter und beging anschließend Selbstmord.

SEITEN 10/11

ZUM SMALL-TALK lud Präsident Vaclav Havel die berühmteste Sportsfrau seiner Heimat, Martina Navratilova, in ein Restaurant ein. Die 1975 emigrierte Tennis-Primadonna, die heute US-Bürgerin ist, weilt derzeit in Prag (Foto: APA)

Thema Ausländer: Nicht einmal ein Jahr nach dem Fall des Eisernen Vorhangs positionierte sich Jörg Haider 1990 klar.

Migration und was wirklich wichtig ist.

Die größte und anhaltende Herausforderung für die Gesellschaft in meinen Berufsjahren haben Öffentlichkeit und Politik in Österreich lange ignoriert. Auch die Medien haben das Problem, das mit der Flüchtlingswelle 2015 einen Höhepunkt erreichte, nicht in seiner Tragweite dargestellt. Die putzige Alpenrepublik ist innerhalb von zwei Jahrzehnten ein Einwanderungsland von europäischer Dimension geworden. Von den 8,6 Millionen Einwohnern des Jahrs 2014 waren fast eineinhalb Millionen Ausländer oder Bürger mit Migrationshintergrund. Damit nicht genug: Österreich hat in weniger als 25 Jahren nicht nur diese große Zahl an Neubürgern aufgenommen, sondern war für weitere Hunderttausende auch noch Transitland auf ihrem Weg zum eigentlichen Ziel ihrer Wanderung.

Mit diesem Migrationsstrom und all seinen Konsequenzen waren die Österreicher besonders in den Städten konfrontiert. Trotz der geradezu gewaltigen Dimensionen haben Gesellschaft, Politik und Medien das Thema aber lange als zweitrangig abgetan. Wer darüber debattieren wollte, kam postwendend unter den Generalverdacht entweder der Ausländerfeindlichkeit oder einer blauäugigen Multikulti-Haltung. Also hat auch die Auseinandersetzung über die mangelnde Eingliederung und Integrationsbereitschaft der Neubürger erst mit großer Verspätung begonnen. Da hatte ein ausländerfeindliches Großklima schon fast irreparable Schäden in der Gesellschaft angerichtet.

Der Kern des Problems ist die rasante Veränderung der Gesellschaft seit etwa 1990 und die Konsequenzen, die damit verbunden sind. Der Kern der Veränderung ist die Migration. Und der Kern der Migration besteht – um es so deutlich zu sagen – aus Ausländern. Lesern der Asterix-Comics ist vielleicht ein Ausspruch des Seniors in dem bekannten gallischen Dörfchen geläufig. Methusalix, so haben ihn seine genialen Schöpfer genannt, sagt einmal „Ich habe nichts gegen Fremde. Einige meiner besten Freunde sind Fremde. Aber diese Fremden da sind nicht von hier" (Asterix, Band 21: „Das Geschenk Cäsars"). Die Originalversion dieses Comics stammt übrigens aus dem Jahr 1974. Schon damals muss es also in Frankreich das Ausländerthema gegeben haben.

Das rasante Tempo der Einwanderung hat bei vielen Menschen Verunsicherung ausgelöst. Sie wussten nicht umzugehen damit, was sich auf den Straßen, in den Schulen, auf dem Wohnungsmarkt oder im Arbeitsleben entwickelte. Auch, weil von offizieller Seite lange erklärt wurde, da gebe es doch gar keine Probleme. Leser sagen uns Redakteuren seit Jahren, sie hätten das Gefühl, nicht mehr Herr im eigenen Haus zu sein, wenn viele Zuwanderer zentrale Regeln unserer Gesellschaft und des Zusammenlebens missachteten. Man mag es sehen, wie man will, aber vielen Mitbürgern behagt das Ausmaß an Veränderung nicht, das die Migration auslöst. Da geht es nicht um Fremdenfeindlichkeit, sondern um ein Gefühl der Ohnmacht und um das Empfinden, dass Politik und Verwaltung die Bürger bei diesem für sie wichtigen Thema im Stich lassen. Erst 20 Jahre nach dem Anlaufen der enormen Migrationswelle wurde das Thema Integration auf die Ebene der Bundesregierung gehoben.

Slogans der Entsolidarisierung

In einem kleinen Land wie Kärnten, das eine besondere Empfindlichkeit in ethnischen Belangen pflegt, konnte ein Politiker wie Jörg Haider aus diesem komplexen Problem eine einfache Botschaft formen. Ich mache Kärnten stark, und wer nicht mittut, ist ein Schwächling. Das war keine Antwort auf die Veränderungen und ihre Konsequenzen, aber eine dieser explosiven populistischen Kombinationen aus Versprechungen, Behauptungen, Unwahrheiten und der Benennung eines Schuldigen, die seit 20 Jahren Millionen Menschen in Europa in den Bann ziehen. In unterschiedlicher Gewichtung machten besonders drei Botschaften Furore: Jeder ist seines Glückes Schmied. Ohne Ausländer ginge es uns besser. Die anderen sind schuld.

Diese brutalen Slogans der Entsolidarisierung fanden mit machiavellistischer Brillanz und geradezu dämonischer Logik ihren Weg ins Denken vieler Menschen, die von Ausmaß und Tempo dieses Wandels verunsichert sind. Denn Sozialdemokratie sowie konservative oder liberale Parteien hatten das Thema Veränderung und Migration 20 Jahre vernachlässigt. Das gab den nationalistischen Populisten einen Vorsprung, der uneinholbar schien. Und diese Stimmung fand natürlich in den Leserreaktionen der *Kleinen Zeitung* ihren Niederschlag. In diesem Sinne verwundert es nicht, dass Jörg Haider schon im Frühjahr 1990 eine solidarische Aufteilung der ersten Flüchtlingswelle nach dem Fall des Eisernen Vorhangs blockierte. Es ging damals um 20.000 Asylsuchende.

In schlechten Zeiten finden die Menschen normalerweise in der Solidarität Halt. Sie ist ein starkes Bindeglied in krisenhaften Situationen. Solidarität – auch durch den Marshallplan der Amerikaner – war die Basis dafür, dass es nach 1945 zur Erneuerung der Demokratie und zum Wirtschaftswunder in Europa kam. Seit dem Start der globalen Migration ist aber so etwas wie eine radikale Entsolidarisierung zu beobachten. Zu viel hat sich für zu viele Menschen zu schnell und zu nachhaltig verändert. Dieses Gefühl transportieren Leser in Briefen und E-Mails wütend bis resignierend an die Redaktion.

Erfolg trotz oder wegen Migration

Fakten spielen in diesem emotionsgeladenen Klima kaum eine Rolle. In Deutschland war eine ausländerfeindliche Bewegung 2015 dort am stärksten, wo es nachweislich sehr wenige Migranten gibt. Eine britische Umfrage zum Thema belegte, dass die Menschen sich nicht so sehr an den konkreten ausländischen Mitbürgern stoßen, sondern am abstrakten Begriff der Migration. Gegen Migranten haben die Leute nichts, aber sie sind gegen die Migration, lautet die verblüffende Botschaft.

Im Falle Österreichs kommt dazu, dass das relativ kleine Land eine viel größere Last der Migration tragen muss als andere europäische Staaten. Das scheinen viele Bürger gewissermaßen als ungerecht zu empfinden. Aber seine geografische Lage und seine Geschichte kann man sich nicht aussuchen. Wir sind ein Land, das weit in das östliche und südöstliche

Europa hineinreicht, wir teilen mit vielen dieser Länder eine gemeinsame Geschichte, und Österreich war seit jeher eine Art Sehnsuchtsort für Zuwanderer aus den Nachbarregionen. Darauf weisen Namen wie Vranitzky, Klasnic, Nowotny, Vilimsky, Kreisky oder Lopatka hin. Ich darf hier zur Illustration der österreichischen Migrationsgeschichte die Geburtsorte meiner eigenen Großeltern anführen: Florenz, Pettau (Ptuj, heute Slowenien), Krakau und Graz.

Das alles verdichtet sich zu einem Boden, in dem die verheerende Saat der Populisten aufzugehen scheint. Da ist kein Platz mehr für Argumente. Wer kennt schon die Tatsache, dass Österreich genau in diesen Jahren des starken Einwanderungsdrucks durch die Tüchtigkeit seiner Bürger zu einem der wohlhabendsten Staaten der EU aufgestiegen ist? Da stellt sich die Frage: Sind wir trotz der Migration reicher geworden oder wegen ihr? Es kann jedenfalls nur so sein, dass die Zuwanderung uns bei unserem wirtschaftlichen Erfolg nicht behindert hat. Wir sind in zwei Jahrzehnten der hohen Migration nicht ärmer, sondern reicher geworden. Ich habe das Lesern zu erklären versucht, aber keiner wollte den logischen Gedanken folgen. Viele Menschen ziehen lieber eine abstruse Logik vor, die ungefähr so lauten könnte: „Lieber sind wir ohne Migration ärmer als mit ihr reicher."

Es kann keine einfachen Antworten auf so komplexe Entwicklungen wie die globale Migration und ihre Folgen geben. Und es ist schwierig, mit Personen zu argumentieren, die sich längst an einfache Antworten gewöhnt haben, welche sie in so bekömmlichen Happen konsumieren können. Mit jahrelanger Verspätung hat die Gesellschaft immerhin begonnen, sich den Problemen der Migration zu stellen.

Soziale Gerechtigkeit

Das Ausländerthema sehen viele Menschen unter dem Aspekt der Gerechtigkeit. Sie empfinden es als ungerecht, dass der Platz, den sie sich erarbeitet oder an den sie sich gewöhnt haben, durch einen neuen Faktor einfach verrückt wird. Das Erarbeitete ist den Menschen vertraut, weil sie darauf Einfluss haben. Deshalb empfinden sie es als besonders ungerecht, wenn Einflüsse, die sie nicht oder kaum steuern können, etwa ihren Arbeitsplatz und ihren Status bedrohen. Für die Medien gilt, dass Antworten auf die Fragen der Gerechtigkeit zu den zentralen Botschaften gehören, welche die Menschen erwarten. Als Berichterstatter hatte ich eine Fülle von Begegnungen, die mir Gelegenheit gaben, über die Ausformungen von Gerechtigkeit und Ungerechtigkeit zu berichten.

Besonders prägend war in den frühen Jahren natürlich die Krise der steirischen Grundstoffindustrie. Viele stellten sich die Frage, ob es gerecht war, dass Zehntausende die Arbeit verloren, in Frühpension gehen mussten oder existenziell entwurzelt wurden. Waren andererseits die Versuche der SPÖ-Regierung gerecht, Geld der Steuerzahler zu nehmen und es zur kurzfristigen Erhaltung von ohnehin unhaltbaren Arbeitsplätzen einzusetzen? Ich habe die politische Auseinandersetzung dieser Zeit in der Steiermark als Wettstreit der Argumente und Ideologien erlebt. Die Stimmung wurde zudem aufgeheizt, weil immer wieder irgendwo Wahlen anstanden, die zu Schicksalswahlen stilisiert wurden. Bis hin zu dem, was alle vier Jahre die „Mutter aller Schlachten" betitelt wurde, die Wahlen zum steirischen Landtag, durch die der Landeshauptmann ermittelt wurde. In diesen Jahren habe ich erbitterte politische Gefechte auf zum Teil hohem Niveau um die Frage der sozialen Gerechtigkeit verfolgt. Ich erinnere mich aber auch, dass alle Beteiligten trotz der großen wirtschaftlichen und sozialen Probleme und der manchmal geradezu verzweifelten und dennoch vergeblichen Bemühungen strikt an den demokratischen Regeln festhielten.

Die Mittel der Auseinandersetzung

Das erwähne ich deshalb, weil in anderen europäischen Ländern die gleichen Probleme zu viel härteren politischen Auseinandersetzungen hart an der Grenze der Demokratie geführt haben. In Großbritannien, Frankreich oder Belgien haben zwischen 1970 und 1990 Massenstreiks die soziale und politische Ordnung ernsthaft gefährdet, weil der starke Einfluss kommunistischer oder extrem linker Gewerkschaften die gemäßigten Vertreter der Arbeitnehmer in Geiselhaft genommen hatte. Letztlich hat in Österreich die zwar herzhafte, aber besonnene Auseinandersetzung über die soziale Gerechtigkeit in Zeiten der Krise bewirkt, dass das Herz der Grundstoffindustrie intakt blieb. Ich habe in anderen Ländern die Fabriksruinen der damaligen politischen Schlachtfelder gesehen, auf denen der Kampf im Namen der sozialen Gerechtigkeit ohne Kompromissbereitschaft geführt worden war und der in einer Niederlage für viele Menschen endete.

Der Kampf auf der Straße im Namen der Gerechtigkeit ist in Österreich seit Jahren das allerletzte Mittel der politischen Auseinandersetzung. Diese Lehre aus der Zwischenkriegszeit mit dem blutigen Bürgerkrieg zwischen konservativen Austrofaschisten, Nationalsozialisten und den Parteien der Linken hat die Zweite Republik bleibend gezogen. Wenn es nach 1945 dennoch gelegentlich zu Aufmärschen und Kundgebungen kam, waren das weniger trotzige Machtdemonstrationen als verzweifelte Ohnmachtsbeweise. Selbst auf dem Höhepunkt der Stahlkrise, als tatsächlich Zehntausende Existenzen gefährdet waren, blieb der Kampf auf der Straße die rare Ausnahme.

Dabei war die Auseinandersetzung beinhart, als nur noch eine kompromisslose Sanierung den Kern der verstaatlichten Industrie retten konnte und selbst sozialdemokratische Politiker und Gewerkschafter nicht mehr widersprachen. Ein starkes Bild gab es, als bei einer großen Demonstration in der obersteirischen Stahlstadt Kapfenberg Anfang 1986 die Emotionen überschwappten. 10.000 Stahlarbeiter empörten sich damals öffentlich in Leoben, 40.000 waren es in Linz. Wenige Monate später kam es zu einer legendären Szene, als der zuständige Bundesminister Rudolf Streicher bei einem Treffen mit erbosten Stahlarbeitern einen Tritt ans Knie verpasst bekam. Die Szene verlief ohne Folgen, öffnete aber vielen die Augen. Bei einer anderen Gelegenheit klärte der neue Chef der verstaatlichten Unternehmen, Hugo Michael Sekyra, die wütenden Arbeiter unmissverständlich auf: „Verstehen Sie, wir sind pleite!" Mit einem Mal trat Stille ein. Das Wort Pleite verstanden alle. Auch als Arbeiter von Betrieben im Staatsbesitz begriffen sie in diesem

Moment: Es geht um die Existenz. Die Pleite eines Unternehmens ist auch das Aus für die Arbeitnehmer. Also ist alles andere besser als die Insolvenz.

Rettung durch Chrysler

Dieser legendär gewordene Ausspruch des Spitzenmanagers der verstaatlichten Industrie erinnert mich an eine andere Begebenheit dieser krisenhaften Tage. Der amerikanische Autokonzern Chrysler hatte eine wichtige Produktion an das Grazer Werk der damals ebenfalls in der Krise wankenden Steyr-Daimler-Puch-AG vergeben. Es war die Rettung Hunderter Arbeitsplätze, und Chrysler-Chef Lee Iacocca wurde in Graz auch von Gewerkschaftern und SPÖ-Politikern als Retter in der Not gefeiert. Iacocca war in der internationalen Wirtschaftswelt als der Mann berühmt geworden, der einige Jahre zuvor den angeschlagenen Chrysler-Konzern mit harten Sanierungsmaßnahmen vor der Pleite gerettet hatte. Legendär war sein Auftritt vor Tausenden Chrysler-Arbeitern und ihren Gewerkschaftern in der Autostadt Detroit: „Ich kann keinem von euch 20 Dollar in der Stunde zahlen. Aber ich kann dem Großteil von euch 17 Dollar zahlen." Das ist ein Angebot, das in Österreich mit seinen fest verankerten Arbeitnehmerrechten und starken Gewerkschaften fast undenkbar ist. Doch in Graz wurde dieser Mann, der ganz sicher kein Freund der Gewerkschaftsbewegung war, von den ÖGB-Funktionären und SPÖ-Granden dennoch als eine Art „Held der Arbeit" gefeiert.

Jeder Kampf ist ein Einzelkampf

Bei den vielen Kämpfen um Gerechtigkeit im Arbeitsleben, die ich als Journalist begleitet habe, habe ich beobachtet, dass jeder Kampf ein Einzelkampf ist. Die Allgemeinheit hat das jahrelange Ringen der Stahlarbeiter um Arbeitsplätze und Zukunftschancen zwar wahrgenommen und durchaus gutgeheißen, aber es hat sich niemand an diesem Kampf beteiligt. Das ging so weit, dass der absolut stärkste Teil dieser so gut organisierten Berufsgruppe, nämlich die 40.000 Arbeiter der verstaatlichten Unternehmungen, seine Betriebspensionen verlor, ohne dass es zu einem allgemeinen Aufstand gekommen ist. Aber im Angesicht der drohenden Pleite der verstaatlichten Industrie war eben mehr möglich, als man sich zuvor auch nur vorstellen konnte.

In ihrem harten Kampf um die Existenz haben auch die Bauern zwar immer wieder die Sympathie der Gesellschaft gespürt, aber konkrete Hilfe – und sei es nur, indem die Konsumenten verstärkt heimische Agrarprodukte gekauft hätten – gab es selten. Dazu gehört die Beobachtung, dass die Gesellschaft immer wieder nur zugeschaut hat, wenn Berufsgruppen praktisch aussterben. Es gab keinen öffentlichen Aufstand wegen des Verschwindens der Schneider und Schuster, weil die Wegwerfgesellschaft ihre Bedürfnisse mit Produkten aus südostasiatischer Kinderarbeit decken kann. Wir werden bald keine kleinen Kaufleute ums Eck mehr haben, weil sie nur eine Sorte Blauschimmelkäse und nur drei Prosecco-Marken haben. Wir müssen uns für die Briefmarken der Weihnachtskarten im Postamt lange in einer Schlange anstellen, weil es die Trafik nicht mehr gibt, in der wir das immer zügig erledigen konnten. Die hat zugesperrt, weil wir entweder nicht mehr rauchen oder die Zigaretten regelmäßig in Slowenien kaufen, oder weil wir Zeitschriften nicht mehr kaufen und lesen, sondern uns mit zweifelhafter Gratisinformation im Internet begnügen.

Die Umstände haben mich oft an den wenig befriedigenden Satz erinnert, dass jeder für sich allein kämpft. Jede der Gewerkschaften, die als Keimzelle der Solidarität gelten, hat immer ausschließlich für die Interessen der eigenen Mitglieder gekämpft. Das gilt besonders für die starken Gewerkschaften etwa der Metall-, Bergbau- und Energiebranche oder die der Privatangestellten und die der Beamten. Die missliche Lage etwa der Arbeiterinnen in der zugrunde gegangenen Textilindustrie wurde von den anderen Gewerkschaften gewissermaßen mit einem Achselzucken quittiert. Die unausgesprochene gewerkschaftliche Botschaft in bester Beamtenmanier: Das sind nicht unsere Mitglieder, wir sind nicht zuständig.

Das Aufbegehren der Landwirte

Das Gefühl, zu wenig Gerechtigkeit zu erfahren, ist nicht auf die sozial Schwachen in den Industrieregionen beschränkt. Auch die Bauern haben selten ein leichtes Leben; vielen wurde es durch den Beitritt Österreichs zur EU erschwert, durch den Verlust ihrer gewohnten Schutzmechanismen. Normalerweise fand das Aufbegehren der Landwirtschaft hinter verschlossenen Türen statt, die Probleme wurden in großkoalitionärer Harmonie wenigstens halbwegs gelöst.

Ich kann das Gefühl in bäuerlichen Kreisen, sie seien unschuldige Opfer von Entwicklungen, auf die sie gar keinen Einfluss haben, manchmal nachvollziehen. Die schändliche Behandlung von Rindern, die in Großbritannien die tödliche Tierseuche BSE mitsamt vereinzelten Fällen von Übertragungen auf Menschen auslöste, hatte nichts mit den heimischen Methoden der Viehhaltung zu tun. Die absolut wenigen BSE-Fälle in Österreich waren stets als Ausnahmen erkennbar, es gab keine reale Gefahr für Mensch und Tier. Dennoch erzeugten 2001 die Medien ohne ausreichendes Wissen und ohne Verhältnismäßigkeit eine Panik unter den Konsumenten, als ob der Genuss von Rindfleisch zwangsläufig zu einem qualvollen Tod führte. Das traf die heimischen Rinderbauern schwer, obwohl sie keine Fehler gemacht hatten. In diesem und anderen Fällen sind die Medien – auch die *Kleine Zeitung* – der Verlockung dicker Schlagzeilen erlegen, ohne auf die Verhältnismäßigkeit zu achten. Mit meinen rationalen Einwänden hatte ich gegen den emotionsgeladenen medialen Mainstream keine Chance.

Das gleiche Muster wiederholte sich wenige Jahre später, als in Westeuropa eine begrenzte Schweinepest ausbrach. Undifferenzierte Berichte der Medien machten heimisches Schweinefleisch bei den Konsumenten zum Risikofaktor, mit entsprechenden Folgen für die bäuerlichen Betriebe. Selbst als bedenkliche, aber diffuse und nie ganz identifizierte Inhaltsstoffe in spanischem Gemüse in deutschen Supermärkten entdeckt wurden, berichteten die österreichischen Medien so, dass den heimischen Landwirten schwerster Schaden entstand. Dabei hatten sie mit der Sache nicht in Ansätzen zu tun. Die Bauern, so haben mir viele erzählt, hatten inzwischen erkannt, dass es in bestimmten Situationen keine Gerechtigkeit gibt. Auch Protestmärsche richten nichts gegen unrichtige, unsachliche und unverantwortliche Verdächtigungen aus.

Die Grünen und die Macht der Bilder

Eine neue Note im Kampf um Gerechtigkeit auf der Straße – oder jedenfalls im öffentlichen Raum – brachten die Ökobewegung und die Partei der Grünen in die politische Auseinandersetzung ein. Der Schutz von Bäumen, Pflanzen und seltenen – oft gar nicht nachgewiesenen – Tierarten veranlasste neue Gesellschaftsgruppen, sich auf besondere Art körperlich zu exponieren. Leser der *Kleinen Zeitung* erinnern sich an eine Zeit, in der biedere Stadtmenschen sich an mächtige Baumaschinen anketteten oder in wochenlangen Camps in kalten Wintern verhindern wollten, dass in den Donauauen von Hainburg bei Wien ein CO_2-neutrales Wasserkraftwerk gebaut wird. Diese Menschen bangten nicht um ihre eigene Existenz wie die Industriearbeiter oder die Landwirte, sondern im Namen der ökologischen Gerechtigkeit um die Existenz von Bruder Baum und Schwester Nachtigall.

Diese Bewegung und ihre Kundgebungen waren deshalb erfolgreich, weil sie etwas völlig Neues zu ihren politischen Kampfmitteln hinzufügte. Sie setzte auf die Macht der Bilder. Es ging um sorgfältige Inszenierungen, welche die Öffentlichkeit beeindrucken sollten. Ganz offen wurde das archaische Bild des ewigen Kampfes des Guten gegen das Böse und der Schwachen gegen die Starken bemüht. Selbst die führende Wiener Boulevardzeitung ging den Grünen auf den Leim, als sie sich die Verhinderung eines Donaukraftwerkes auf die Fahnen schrieb. So bekam das Motiv der Auflagen- und Gewinnsteigerung ein hübsches grünes Mäntelchen umgehängt. Und die Kraftwerksarbeiter, die ihre Existenz bedroht sahen, fanden sich auf einmal als Täter angeprangert, die erbarmungslos gegen die unschuldige Natur vorgehen.

FPÖ und linke Chaoten gegen die Polizei

Auch für die FPÖ wurde die Straße immer öfter die Bühne der politischen Auseinandersetzung. Jörg Haiders Kampfort und der seiner Partei waren Kundgebungen vor Wahlen. Er setzte auf die Kraft seiner populistischen Botschaften, doch die brauchten die Vervielfältigung durch die Medien. Ein Wahlkampfauftritt allein wäre noch kein zündendes Signal gewesen. Aber eine Gegendemonstration von Gruppen, die Haider geschickt als „linke Chaoten" provozierte, lieferte den Medien die Bilder und Inhalte, die den FPÖ-Politiker ins Zentrum der Berichterstattung rückten. Diese Logik gilt immer noch beim Ball der Burschenschafter in Wien und bei anderen Anlässen.

Ich habe dieses zweifelhafte Schauspiel mehrmals erlebt und darüber berichtet. Es waren bewusste Inszenierungen beider Seiten. Im Nationalratswahlkampf 1999, der letztlich die Koalitionsregierung von ÖVP und FPÖ brachte, polarisierte Haider bei einem Auftritt auf dem Grazer Hauptplatz mit dem ihm eigenen rhetorischen Geschick. Unter vielen FPÖ-Anhängern befand sich auch ein Grüppchen von Anti-Haider-Aktivisten, umringt von Polizeikräften. Letztere hatten den gesetzlichen Auftrag, zu verhindern, dass es bei der ordentlich angemeldeten Wahlkundgebung zu undemokratischen Störaktionen kommt. Auf ein geheimes Zeichen ließen sich die Linksaktivisten plötzlich zu Boden fallen und zwangen ihre Bewacher damit, ebenfalls in den Staub des kalten Novemberabends zu sinken. Es folgte ein heftiges Handgemenge auf dem Asphalt des Grazer Hauptplatzes, begleitet von Pfiffen linker Sympathisanten und dem höhnischen Gejohle der FPÖ-Anhänger. Ich habe diese Begebenheit, die sich vor meinen Füßen abspielte, für die *Kleine Zeitung* wahrheitsgemäß wiedergegeben und nachher hasserfüllte Internet-Kommentare sowohl von links als auch von rechts geerntet.

Einige Jahre später verfolgte ich am Rande eines FPÖ-Bundesparteitags in Graz wieder so einen bedenklichen Vorfall. Vor der Halle hatte die Polizei vorsorglich ein Demonstrationsverbot verhängt. Doch ein Grüppchen von Aktivisten der extremen Linken umging das Verbot, indem es mit der Straßenbahn kam, diese in gebückter Haltung verließ und die Polizei in ein Handgemenge verwickelte. Wieder mussten die Beamten zur Verteidigung demokratischer Rechte in den Staub der Straße.

Ich erwähne diese Begebenheiten deshalb so ausführlich, weil ich sie für bezeichnend halte für eine bedenkliche Tendenz an den Rändern unseres politischen Systems. Diese Art von politischer Agitation stellt Inszenierung über Argumente und nimmt es billigend in Kauf, dass Staatsorgane wie die Polizei dabei wie Sklaven behandelt werden. Wenn ich mir nämlich die Rolle der Polizei bei den Menschenketten der Grünen, bei den Veranstaltungen der FPÖ und bei den Aktionen der Linksextremen vor Augen halte, kann ich kaum sagen, welche Gruppe den staatlichen Ordnungskräften mehr Verachtung entgegenbringt.

Berichterstatter am Werk: beim Anti-EU-Volksbegehren der FPÖ 2006 mit Parteiobmann Heinz-Christian Strache.

Politik im Banne der Populisten.

Mit dem Wechsel von der Wirtschaftsredaktion in das Politikressort begleitete ich ab 1989 so etwas wie die Götterdämmerung der schwarz-roten Vorherrschaft in Österreich. Der Protestpolitiker und Rechtspopulist Jörg Haider sowie die Politik der Grünen ordneten die österreichische Parteienlandschaft neu. Wieder war Erwin Zankel der Ressortleiter, bis er 1998 zum Chefredakteur der *Kleinen Zeitung* berufen wurde und das ganze Blatt nachhaltig prägte.

Auch in der steirischen Landespolitik begann sich das duale System von ÖVP-Mehrheit und starken SPÖ-Akzenten aufzulösen. Die alten Bindungen der Menschen an ihre angestammte politische Heimat wurden schwächer. Die FPÖ, die lange Jahre ziemlich schmalbrüstig war, entledigte sich ihrer liberalen Ideale und entdeckte den manchmal hemmungslosen Rechtspopulismus als Rettungsanker. Die Grünen überstanden die internen Richtungskämpfe zwischen Fundis und Realos und legten die Basis für spätere Erfolge. Dazu säumte manche politische Eintagsfliege den Weg. 1991 geschah das für die ÖVP Unvorstellbare: Die Landtagswahl hievte mit FPÖ-Obmann Michael Schmid erstmals einen Politiker in die Landesregierung, der nicht ÖVP oder SPÖ angehörte. Die Volkspartei verlor ihre absolute Mehrheit im Landtag und in der Regierung und musste sich mehr noch als bis dahin mit den anderen Parteien arrangieren.

Geradezu greifbar wurden für mich die Veränderungen bei zahlreichen politischen Versammlungen der Parteien und Verbände, die ich besuchte. Da hatte ich direkten Kontakt nicht nur mit den Spitzen der Politik, sondern auch mit der sogenannten Parteibasis.

Meine Eindrücke sind subjektiv, aber in vielen politischen Versammlungen geschult. Den „typischen Sozi" habe ich ebenso erlebt wie den „Erzschwarzen", also einen unbeirrbaren Anhänger der ÖVP, oder „blaue Recken" der Freiheitlichen. Und schließlich sind mir die Versammlungen der Grünen in Erinnerung, die neue Nuancen und Klischees in die Politik brachten.

Der Kampf um die Macht

Die lange Vorherrschaft der ÖVP in der Steiermark und ihre allmähliche Erosion waren die Konstante der landespolitischen Auseinandersetzung und meiner Arbeit als Berichterstatter. Josef Krainer war von 1972 bis 1996 ÖVP-Landesobmann und von 1980 bis 1995 Landeshauptmann in der Grazer Burg. Manche empfanden seinen Stil tatsächlich als den eines Landesfürsten. Die ÖVP stellte seit 1945 alle Landeshauptmänner und hatte im Landtag die Mehrheit. Die stark von den Gewerkschaften geprägte SPÖ kämpfte oft mit untauglichen Mitteln gegen die schwarze Vorherrschaft. Den roten Gewerkschaftern war in den schweren Zeiten der Stahlkrise das Hemd der pragmatischen Machtteilhabe in der Sozialpartnerschaft oft näher als der ideologische Rock der Partei. So erreichte die SPÖ 1991 das lange sehnlich angestrebte Ziel, die absolute ÖVP-Mehrheit im Landtag und in der Landesregierung zu brechen; nicht direkt aus eigener Stärke, sondern indirekt durch eine Art Harakiri der Schwarzen und den Aufstieg der FPÖ.

Die Sozialdemokratie war nun in der Position, die einer Kaderpartei am besten liegt: Politik war ab sofort ausschließlich ein Kampf um die Macht. Die absolute Vorherrschaft der ÖVP im Landtag und in der Landesregierung war endlich gebrochen, da ging es jetzt um das nächste Ziel: die Schwarzen endlich ganz von der Spitze zu verdrängen. Aus rivalisierenden ideologischen Lagern waren über Nacht Machtmaschinen geworden, die kein anderes Ziel kannten, als den Gegner politisch zu vernichten. Die Zeit, als die Parteien mehr oder weniger hochstehende Zukunftsdebatten führten, war vorbei. Einziger Maßstab war nur noch, ob etwas Wählerstimmen bringt oder – noch besser – den Gegner Stimmen kostet. Ob es den Menschen nützt oder schadet, war zweitrangig geworden. Aus Reaktionen von Lesern der *Kleinen Zeitung* weiß ich, dass manche das ständige politische Hickhack als Verrat an der Zukunft des Landes und der Menschen empfunden haben.

Intellektuell durchaus redliche Akteure wie Gerhard Hirschmann oder Günter Dörflinger (SPÖ) wurden in meiner Wahrnehmung plötzlich zu Jongleuren brutaler Machtspielchen. In der Steiermark heilten gerade die tiefen Wunden der Stahlkrise, es gab eine gigantische Verschiebung von Arbeitsplätzen, die Verkehrsprobleme bedrohten die Entwicklung des Landes, Umweltprobleme beschäftigten die Menschen und die Vorboten der Migration waren erkennbar, aber die Landespolitik war erstarrt in Machtkämpfen.

Schaden für das Land

Die Folge waren einerseits wirkliche Schäden für das Land und die Menschen, andererseits gab es absurde Nebenschauplätze, auf denen die Akteure von SPÖ und ÖVP aber fochten, als gäbe es kein Morgen. Ich weiß nicht, ob Graz in den Neunzigerjahren wirklich eine Chance hatte, gemeinsam mit Schladming Austragungsort für Olympische Winterspiele zu werden, und ob es wirklich eine gute Idee war, es zu versuchen. Aber die SPÖ war nicht aufgrund solcher Überlegungen dagegen, sondern einfach deshalb, weil es eine Idee des neuen ÖVP-Mitglieds in der Landesregierung war, Gerhard Hirschmann. Dass durch den Kurs der Partei eventuell die Chance auf Arbeitsplätze und Wachstum vergeben wurde, schien keinen roten Gewerkschafter interessiert zu haben, war mein Eindruck.

Die Grand-Prix-Rennstrecke im obersteirischen Spielberg lenkte alljährlich die Blicke der Welt auf die Steiermark. Aus Sicherheitsgründen gab es dort ab 1988 keine Formel-1-Rennen mehr, die Region verödete wirtschaftlich. Die Rückkehr der Formel 1 hätte hohe Summen aus Steuermitteln erfordert, und es war natürlich angebracht zu diskutieren, ob Aufwand und Ertrag für die Steuerzahler in einem vernünftigen Verhältnis zueinander standen. Die Debatte wurde auch in der *Kleinen Zeitung* leidenschaftlich geführt. Aber die SPÖ verhinderte eine Mehrheit für das Projekt, weil es von der ÖVP favorisiert wurde.

Die Steiermark bekam erst 1997 „ihren" Grand Prix und die damit verbundenen Arbeitsplatz- und Tourismuschancen wieder. Durch die parteipolitischen Ränke wurde der Ruf des Landes als attraktiver Standort für Investitionen aber nicht nur einmal gefährdet. Die Rückkehr der Formel 1 währte wieder nur wenige Jahre, es folgte für die Menschen der

Region erneut ein bitterer Stillstand. Nur der Glücksfall, dass der Getränkemilliardär Dietrich Mateschitz sich patriotisch seiner steirischen Wurzeln entsann, machte die Rennstrecke ab 2010 wieder zu einem Grand-Prix-Standort.

Der Streit um das Kunsthaus

Unsägliche politische Rivalitäten zwischen Schwarz und Rot prägten auch das Projekt eines Ausstellungsortes für moderne Kunst, das die Landeshauptstadt Graz dringend benötigte und für das es einen Grundsatzbeschluss von ÖVP und SPÖ aus dem Jahr 1990 gab. Als der SPÖ-Vorsitzende Peter Schachner-Blazizek 1996 für die Kulturagenden zuständig wurde, war das Vereinbarte vergessen, nämlich ein fix projektiertes Kunsthaus nahe der Grazer Burg. Das wäre ein Projekt des ehemaligen Landeshauptmannes Josef Krainer gewesen, was Schachner-Blazizek offenbar als unerträglich empfand. Er wollte stattdessen das Ausstellungszentrum in den Grazer Schloßberg hineinbauen, eine Idee, die durchaus Charme, aber auch eine SPÖ-Punzierung hatte und postwendend den Widerstand der ÖVP herausforderte.

Jahrelang wurde gestritten, Millionen an Steuergeldern für Planungen und Umplanungen wurden sinnlos verpulvert. Dieses politische Klima herrschte selbst dann noch, als Graz von der EU-Kommission als Europäische Kulturhauptstadt des Jahres 2003 ausgerufen wurde. Da wurde auch vielen Lesern der *Kleinen Zeitung* bedrückend klar, wie sehr diese wichtige Ausstellungsfläche fehlte. Doch auch diese Chance für die Stadt, die immerhin einen SPÖ-Bürgermeister hatte, konnte Schachner-Blazizeks Position nicht verändern. Um der Steiermark und der Stadt Graz eine Blamage vor den Augen der europäischen Öffentlichkeit zu ersparen, schmiedete die ÖVP mit den Grünen im Landtag eine Sachkoalition und ebnete den Weg für das Kunsthaus, wie wir es heute kennen. Schachner-Blazizek bewegte sich nie mehr aus seinem Schmollwinkerl heraus.

Penetrant und kindisch

Dass die SPÖ in vielen Bereichen so unnachgiebig war, geht auch auf unzählige Demütigungen zurück, welche die Partei in Jahrzehnten von der ÖVP hatte hinnehmen müssen. Die Volkspartei war nicht zimperlich, alle ihre Überlegenheit spüren zu lassen. Die besten Beamtenposten erhielten stets die „schwarzen" Bewerber. Selbst als die Postenvergabe entpolitisiert wurde, waren es wieder die ÖVP-Leute, die sich im neuen System am besten zurechtfanden. Denn obwohl die Mehrheit der ÖVP bei Wahlen nie erdrückend war, stellten sich die Schwarzen häufig als die alleinige politische Kraft im Lande dar. Speziell Josef Krainer und sein Umfeld erlagen oft der Versuchung einer fast unerträglichen Selbstdarstellung. Als kindisch bis abstoßend empfand ich das Verhalten der ÖVP-Abgeordneten in den späten Regierungsjahren Josef Krainers bei Sitzungen des Landtages. Wenn sie in ihren Reden den Landeshauptmann und ÖVP-Obmann nannten, geschah das immer mit den penetranten Worten „unser Landeshauptmann Dr. Josef Krainer". Nicht nur kleine Beamtengewerkschafter oder biedere

Bauernfunktionäre, sondern zu meinem Erstaunen auch so intelligente Politiker wie Gerhard Hirschmann oder Bernd Schilcher waren nicht imstande, einfach „Landeshauptmann Krainer" zu sagen.

Der steirische SPÖ-Vorsitzende Peter Schachner-Blazizek fand nach 1991 in der erstarkten FPÖ willige Unterstützer, die neuen Machtverhältnisse zulasten der ÖVP umzusetzen. Manche Vorgänge – etwa bei der Besetzung wichtiger Positionen im Dunstkreis der Macht – verströmten den süßen Duft der Rache. Günter Dörflinger, damals SPÖ-Parteisekretär, bestätigte einmal im Gespräch mit mir, dass es bei einigen politischen Aktionen tatsächlich auch um so etwas wie Vergeltung für die als rücksichtslos empfundene Machtausübung der ÖVP in den Jahrzehnten zuvor gehe. Ich berichtete davon in der *Kleinen Zeitung,* und wenig später wendete sich das politische Blatt in der Steiermark. Ich weiß nicht, welche konkrete Rolle der Artikel spielte, aber die FPÖ wollte sich offenbar nicht als Helfershelfer für Rachefeldzüge der Sozialdemokraten missbrauchen lassen. Zudem gelang es in der ÖVP Männern wie Martin Bartenstein und Gerhard Hirschmann, ein Vertrauensverhältnis zur FPÖ und speziell zu Jörg Haider aufzubauen, das die stille rot-blaue Koalition im Lande langsam, aber sicher untergrub.

Die Zeughaus-Lady

Das schlechte landespolitische Klima breitete sich auch auf absurde Nebenschauplätze aus. Eine der wenigen politischen Affären, die auch einen Hauch des Klassen- und Geschlechterkampfes ausströmten, war die sogenannte Causa Hochkofler. Eine charmante, kluge und resolute Beamtin mit damenhaftem Auftreten, die auch ihr gefälliges Äußeres geschickt einzusetzen wusste, hatte sich eine Art Sonderstellung erarbeitet. Annelie Hochkofler organisierte sehr erfolgreich Ausstellungen der bemerkenswerten Ritterrüstungen des Grazer Zeughauses mit dem Titel „Imperial Austria" in aller Welt. Die Medien adelten sie zur „Zeughaus-Lady". Sie galt als Günstling Josef Krainers, weil ihre Tätigkeit in dessen Zuständigkeit fiel.

Krainers Nachfolger als Kulturreferent war Schachner-Blazizek. Ihm missfielen ein „Sondervertrag" und hohe Spesenrechnungen der selbstbewussten Frau, die so gar nichts Sozialdemokratisches an sich hatte. Es kam zu Auseinandersetzungen zwischen der Beamtin und der Politik, die in der Öffentlichkeit ausgetragen wurden, und schließlich zum ultimativen Mittel der Kündigung Hochkoflers. Diese leistete hartnäckigen und theatralischen Widerstand, ging es bei ihr doch um den Ruf und die berufliche Existenz. Bei Gericht trumpfte sie mit Koffern voller Unterlagen von stattlichen 180 Kilo Gesamtgewicht auf. Sie gewann in allen Instanzen, aber sie war letztlich doch nur noch „Ex-Zeuhaus-Lady".

Die Affäre Herberstein

Eine andere Dame wurde sogar die Zentralfigur in einer der bedeutendsten Affären der Steiermark. Sie trug dazu bei, dass die ÖVP für Jahre die Mehrheit und den Landeshauptmann verlor. Hier vermischten sich Politisches und Persönliches auf fatale Weise.

Andrea Herberstein war durch Heirat Teil einer einst gräflichen Familie mit einem hübschen Schloss samt Tierpark im Osten des Landes geworden. Sie brachte die maroden wirtschaftlichen Verhältnisse durch geschickte Innovationen halbwegs in Ordnung, betörte manch biedere Akteure mit ihrem Charme und stellte ihr Licht nie unter den Scheffel. Zwischen Landeshauptfrau Waltraud Klasnic und der tüchtigen und telegenen Gräfin entstanden auf professioneller Basis freundschaftliche Bande. Die Herberstein-Betriebe erhielten Förderungen des Landes Steiermark, die großzügiger waren als für vergleichbare Einrichtungen. Allerdings fiel den Beamten der Landesregierung nicht auf, dass diese öffentlichen Gelder an Empfänger flossen, die es mit der Buchhaltung und den Steuergesetzen nicht sehr genau nahmen. Die *Kleine Zeitung* beobachtete die Dinge sehr kritisch.

Die Sache verdichtete sich zur Affäre und zum Skandal, Klasnic geriet in Bedrängnis und ging mit der Situation nicht geschickt um. Ein Titelbild der *Kleinen Zeitung*, das Klasnic und Herberstein bei einem Begrüßungskuss zeigt, heizte die emotionale Stimmung im Land an und ein Untersuchungsausschuss des Landtages brachte bedenkliche Interessenkonflikte zutage. Reaktionen aus Leserkreisen der *Kleinen Zeitung* deuteten an, dass Feuer am Dach war. Klasnic erholte sich politisch nicht mehr, Andrea Herberstein wurde wegen mehrerer Delikte der Prozess gemacht, sie musste sogar ins Gefängnis. Das zuvor gute Verhältnis der Politikerin zu einigen Redakteuren der *Kleinen Zeitung* war nachhaltig gestört. Klasnic gibt angeblich bis heute dem Titelbild mit dem Bussi-Bussi-Foto die Schuld an ihrem unrühmlichen politischen Ende.

Der rechte Populismus

Durch Jörg Haider und seine Nachahmer in der FPÖ kam das Phänomen des politischen Populismus früher nach Österreich und in die Steiermark als in andere Länder Europas. Mir ist unklar, warum für diese Methode und für diesen Stil der Politik nicht das präzisere Wort Demagogie verwendet wird, sondern der Begriff Populismus, der für mich verharmlosend klingt. Populismus setzt sich in meiner Beobachtung primär aus drei Elementen zusammen. Er braucht populäre Themen, demagogische Argumente und die Strategie der Polarisierung. Es muss stets einen oder mehrere Schuldige an kritikwürdigen Umständen geben, seien es die Ausländer, die „Altparteien" oder die EU. Dieses gefährliche Gemisch hat seine Wirkung nicht verfehlt, wie viele Leserzuschriften der *Kleinen Zeitung* zeigen. Zudem tritt Populismus in meiner Wahrnehmung praktisch nie für ein Anliegen ein, sondern immer dagegen. Er ist gegen die Migration und nicht für die Gestaltung des Zusammenlebens von In- und Ausländern. Er ist gegen die Integration Europas und nicht für den gemeinsamen Weg der Staaten und Völker. Er ist gegen Hilfe für die Schwachen – seien es die verschuldeten Südeuropäer, die Einwanderer und benachteiligte Gruppen –, sondern für das Postulat, dass jeder sich selbst der Nächste ist. Zum Wesen des Populismus gehört auch die Verheißung an die eigenen Leute, es gebe Machtausübung, ohne dass man Verantwortung übernehmen muss.

Ein frühes Beispiel für eine populistische Strategie war 1993 das Volksbegehren „Österreich zuerst" der FPÖ, das die beginnende Einwanderung abstellen wollte. In keinem einzigen Punkt ging es um Problemlösung, sondern stets um Polarisierung. Ich war entgeistert, wenn Jörg Haider und seine Mitstreiter ihre Anhänger als die Anständigen und Tüchtigen bezeichneten. Denn das bedeutete im Umkehrschluss, dass alle anderen nicht anständig und tüchtig sind. In die gleiche Richtung zielt eine andere Taktik der Populisten: Dinge zu fordern, die gut klingen, aber rechtlich oder faktisch gar nicht möglich sind. Das gilt etwa für den von der FPÖ immer wieder postulierten Zuwanderungsstopp. Der ist im Grunde nur durch Stacheldraht und ähnliche martialische Aufrüstung an der Staatsgrenze zu erreichen. Das ist selbst der FPÖ zu drastisch, aber sie verzichtet dennoch nicht auf diese Forderung, die bei wenig informierten Bürgern eben gut ankommt.

Die rasende Entwicklung der Moderne

In meiner Zeit als Europakorrespondent in Brüssel hatte ich ausgiebig Gelegenheit, mich mit dem Phänomen des Rechtspopulismus auch in anderen europäischen Ländern zu beschäftigen. Diese Parteien haben so großen Zustrom, weil sie es ausnützen, dass ziemlich viele Menschen und Gruppen mit der rasenden Entwicklung der Moderne nicht Schritt halten können, andere es gar nicht wollen. Multikulti muss bei diesen Menschen als Botschaft total versagen. Zur Strategie des Populismus gehört aber nicht, die Menschen in ihrer Bedrängnis zu ertüchtigen, mit den Veränderungen umzugehen. Statt dessen bestätigt er sie geradezu im Zurückbleiben, indem er sie zu tragischen Helden in einem heroischen Kampf gegen die

Globalisierung, die Migration, den Islam und zu Opfern dunkler Machenschaften erklärt.

Umfragen zeigen fatale Eigenheiten der Milieus, die in Österreich FPÖ wählen, in Frankreich Front National oder in Italien Lega Nord. In hohem Ausmaß ermuntern die Sympathisanten ihre Kinder nicht, wie die Generationen vor ihnen, über Bildung, Fleiß und Engagement privat und beruflich vorwärtszustreben. Solche Menschen sind empfänglich für die Botschaft: „Ihr habt es nicht nötig." Es kann nur so sein, dass die populistischen Parteien damit beabsichtigen, die Menschen abhängig zu machen statt mündig und selbstbestimmt.

Eine andere Eigenschaft des Rechtspopulismus besonders in der FPÖ nenne ich seine Feigheit. Gewählter – und bezahlter – Volksvertreter zu sein bedeutet in diesen Kreisen nicht, den Wählerauftrag zum beherzten Gestalten zu nutzen, sondern dann zu kneifen, wenn es heikel wird. Nicht anders kann ich die Tendenz zur direkten Demokratie bezeichnen, mit der die FPÖ das, was sie das „gesunde Volksempfinden" nennt, über Kompetenz und Vernunft stellt. Volksabstimmungen und Volksbefragungen können gar nicht Argumente abwiegen, sondern landen in einem dumpfen Entweder-oder. Diese Polarisierung ist natürlich leicht zu kommunizieren, aber sie löst kein Problem.

Grimm gegen Schwarz und Rot

Ich füge hier als Randbemerkung einen Eindruck hinzu, den ich aus zahlreichen Beobachtungen und

Begegnungen mit Anhängern der FPÖ gewonnen habe. Es gab und gibt viele Gründe, die politische Vorherrschaft von ÖVP und SPÖ aus tiefstem Herzen zu verabscheuen, weil sie das Land und die Macht über lange Zeit unter sich aufgeteilt haben und nicht davon ablassen können, die Menschen zu bevormunden und ihre Machtspielchen um Posten und Pfründe auszuleben. Dazu kommt, dass der Grimm über Schwarz und Rot manchmal ganz banale Gründe haben kann, wenn etwa ein Familienangehöriger eine berufliche Position wegen des „falschen" Parteibuches nicht erreicht. Und schließlich gibt es bei uns aus zeithistorischen Gründen eben noch immer ein „drittes Lager", das je nach der Wirksamkeit der aktuellen populistischen Botschaften stärker oder schwächer ist.

Dieses dritte Lager neben Schwarz und Rot zu beobachten, das seine Wurzeln auch in der Ideologie der Nazis hat, war auch Teil meiner Arbeit. Mir ist eine Begegnung mit der niederösterreichischen FPÖ-Politikerin Barbara Rosenkranz in Erinnerung, die 2010 Kandidatin bei der Wahl des Bundespräsidenten war und unverhohlen mit altem und neuem Nazitum liebäugelte. Bei einem Pressegespräch in einer steirischen Bezirksstadt wollte ich von ihr wenigstens ein einziges kritisches Wort über den Nationalsozialismus hören. Wegen ihrer ausweichenden Antworten blieb ich hartnäckig, und Barbara Rosenkranz flüchtete in ein beredtes Schweigen. Die Szene wurde vom Fernsehen dokumentiert und war auf Youtube zu sehen. Für mich war das der Beweis, dass die FPÖ-Führung ganz offen mit den Unverbesserlichen paktiert.

Der grüne Populismus

Populismus gehört auch zum Handwerkszeug einer Bewegung, die bei uns ziemlich gleichzeitig mit den rechtspopulistischen Tendenzen der FPÖ die politische Bühne betrat. Die Grünen setzen ebenfalls gerne auf die Macht der Bilder und einfachen Botschaften, wenn sie Baustellen besetzen, Autobahnen blockieren oder in Parlamenten bunte Schilder in die Höhe halten. Aber wichtiger für die Politik und die Gesellschaft sind ihre Inhalte. So, wie sich die Sozialdemokratie historische Verdienste für die soziale Gerechtigkeit erworben hat, erwies sich die Programmatik der Grünen als unverzichtbar beim vernünftigeren Umgang mit unserer Umwelt und ihren Ressourcen und für manche Schritte einer echten Demokratisierung.

Wie sehr sich die Grünen von den anderen Parteien unterscheiden, habe ich bei zahlreichen ihrer Parteikongresse beobachtet. Andere Parteitage sind groß inszenierte Abstimmungsmaschinerien und Bestätigungsrituale, selten gibt es lebhafte oder leidenschaftliche Debatten. Bei den Grünen dominiert hingegen der politische Wettbewerb auf offener Bühne. Wer ein politisches Amt anstrebt, muss das offen erklären und sich mit Argumenten beim Parteivolk durchsetzen. Ich habe altgediente und prominente Abgeordnete wie Peter Pilz bei Bundeskongressen erlebt, die intensiv um einen Platz auf der Kandidatenliste kämpften. Auch sie konnten trotz ihrer Verdienste nicht sicher sein, weiter ein Mandat zu bekommen, weil jüngere Kandidaten ebenfalls einen guten Eindruck machten. Es waren manchmal leidenschaftliche und intellektuell hochrangige Duelle, die ich bei den Grünen erleben durfte. Das erklärt für mich, warum es in dieser Partei keinen Nepotismus gibt. Bei den Grünen erreicht keiner eine Position durch familiäre Bande oder wegen eines parteiinternen Machtkalküls.

Wer kontrolliert die Kontrolleure?

Die Ökobewegung und ihre Ableger haben sich um eine allgemeine Wiederbelebung der Demokratie verdient gemacht. Parallel zu ihrem Hochkommen kam es zur Schaffung von Rechnungshöfen und anderen parlamentarischen Kontrollorganen, welche so manche Machtfülle begrenzten. Mit ihrem Ruf nach Transparenz und Kontrolle bewirkten die Grünen, dass sich auch am Rande der politischen Szene völlig neue Organisationen etablierten. Das war die Stunde null der NGOs.

Ich habe beobachtet, dass Grüne Politiker die neuen Instrumente manchmal geradezu penetrant einsetzen. Zudem wurden diese neuartigen und notwendigen Einrichtungen in der öffentlichen Wahrnehmung bald so gut wie sakrosankt. Kein Grüner Politiker – und auch keine Zeitung – stellt die Feststellung eines Rechnungshofes oder die Darstellung einer NGO in Zweifel. Die haben immer recht, werden nie kontrolliert oder hinterfragt. Dazu ein Beispiel: Sieht man von den Religionsgemeinschaften ab, ist die wohl verbreitetste NGO der Welt die Gewerkschaftsbewegung. Sie hat historische Verdienste und verantwortet Kollektivverträge für Hunderte Millionen von Arbeitnehmern, aber im Vergleich zu Attac oder Amnesty International gilt sie als nicht so edel, eher als Schmuddel-NGO.

Wem sind die NGOs verantwortlich?

Ich habe auch auf europäischer Ebene erlebt, wie gerne und ausgiebig sich die Grünen der NGOs bedienen. Bei keinem Thema gibt es inhaltliche Unterschiede zwischen den Grünen einerseits und Greenpeace, WWF oder Transparency International andererseits. Staunend erinnere ich mich an Klagen von Abgeordneten der Grünen im österreichischen Nationalrat, wie unerhört es sei, dass sich die SPÖ von den Gewerkschaften und der Arbeiterkammer zuarbeiten lasse und dass die ÖVP am Gängelband von Experten der Wirtschaftskammer und der Agrarverbände hänge. Mittlerweile habe ich den Eindruck, Attac und Global 2000 sind die „Kammern" der Grünen.

Die NGOs verstehen sich natürlich als demokratisch legitimierte Gruppen, ich kann dafür aber keinen überzeugenden Nachweis finden. Mir ist unklar, wem etwa Greenpeace verantwortlich ist, wenn ich zum Vergleich die Landwirtschaftskammer hernehme. Baut ein gewählter Agrarfunktionär Mist, kommen der Rechnungshof und die parlamentarische Kontrolle, der Mann kann nach klaren Regeln aus dem Amt entfernt werden, muss vielleicht vor den Strafrichter und die Bauernkammer hat einen schweren ideellen Schaden. Wer aber kontrolliert Greenpeace? Wem sind die NGOs verantwortlich? Wer setzt einen Missetäter ab und bewahrt den Ruf der Organisation? Bei den NGOs, die ihnen zuarbeiten, scheinen die Grünen diese Fragen nicht zu stellen.

Dazu kommt die Intransparenz der meisten dieser Organisationen im Bereich der Finanzierung. Einfach zu sagen, wir bekommen Geld von lieben gleichgesinnten Leuten, würde man keiner Partei und keiner Berufsorganisation durchgehen lassen. Diese NGOs sind für ihre schiere Existenz auf die Aufmerksamkeit der Öffentlichkeit angewiesen, aber niemand hinterfragt, ob alle Wege, diese Aufmerksamkeit zu erreichen, in Ordnung sind. Wie unabhängig ist man, wenn man von Spenden abhängig ist?

Die wichtigsten Begegnungen

Die wesentliche Würze meines Berufs sind Begegnungen mit Menschen, darunter natürlich besonders mit Politikern und Persönlichkeiten aus Wirtschaft und Gesellschaft. Es gehört zur Faszination des Journalismus, Personen so nahe zu sein, die allgemein sehr bekannt oder gar prominent sind. Die Leser kennen diese Leute nur aus der Zeitung und aus dem Fernsehen; der Journalist schließt hier also eine Lücke. Für mich sind Begegnungen mit diesen Persönlichkeiten normale Bestandteile meiner Arbeit, ich darf mich vom Grad der Bekannt- oder Berühmtheit nicht blenden lassen.

In den vielen Jahren als Redakteur der *Kleinen Zeitung* für Wirtschaft, Innen-, Landes- und Europapolitik habe ich so manchen Politiker und so manchen Funktionär kommen und auch wieder gehen gesehen. Vier Menschen sind es, mit denen ich besonders intensiven beruflichen Kontakt hatte. Außerdem haben sie zur gleichen Zeit Positionen ausgefüllt, die sie einander beruflich sehr nahe brachten: Waltraud Klasnic, Peter Schachner-Blazizek, Jörg Haider und Gerhard

Hirschmann. Klasnic war Mitglied der Landesregierung, Landeshauptfrau der Steiermark und Obfrau der steirischen ÖVP. Schachner-Blazizek war Landeshauptmann-Stellvertreter und SPÖ-Vorsitzender in der Steiermark. Jörg Haider war Landeshauptmann von Kärnten und Chef seiner Partei auf Landes- und Bundesebene, wobei die Namen und Kürzel dieser Partei erstaunlich oft ausgewechselt wurden. Gerhard Hirschmann nahm einen schillernden Weg, weil er einst geschäftsführender ÖVP-Landesobmann war, dann aber doch gegen diese ÖVP ankämpfte.

Klasnic und Schachner-Blazizek sind denkbar unterschiedliche Menschen und bilden damit das breite Spektrum an Persönlichkeiten ab, das ihre Parteien auszeichnet. Beiden war der Weg an die Spitze nicht unbedingt vorgezeichnet, aber jeder ging diesen Weg auf eigene Weise. Haider kam aus einem Umfeld, in dem Bedachtnahme auf die Partei nicht geboten war. Diesen Freiraum zu nutzen, war seine Stärke, die ihn eine Zeit lang zu einer Ausnahmeerscheinung der österreichischen Politik machte. Hirschmann war eine faszinierende Mischung aus rationalen und irrationalen Motiven, wie sie hierzulande selten ist. Als Journalist und Chronist versuche ich, diesen Personen und ihren Missionen gerecht zu werden.

Waltraud Klasnic, die Unterschätzte

Waltraud Klasnic wurde fast immer unterschätzt. Dieser Frau aus einfachsten Verhältnissen war der Aufstieg in höchste Sphären der Politik nicht in die Wiege gelegt. Mit ihrem Willen und einer herzlichen, aber zurückhaltenden Hartnäckigkeit machte sie sich bewusst auf den steinigen Weg, der für eine Frau in der ÖVP der Achtziger- und Neunzigerjahre besonders holprig war. Die Partei war souverän beherrscht von Josef Krainer, der die Allianz aus Bauern, Beamten und kleinen Wirtschaftstreibenden gemeinsam mit Gerhard Hirschmann in ein zeitgemäßes politisches Gebilde umzuformen versuchte. Die Steiermark schien zu Krainers besten Zeiten auf ewig ein ÖVP-Land zu sein.

Doch Ende 1995 zerstörte eine wahltaktische Fehlkalkulation der Partei fast alles. Die SPÖ kam bis auf 2414 Stimmen an die ÖVP heran; die Schwarzen haben das als Katastrophe empfunden. Das Entsetzen über diese Wahlniederlage und das Krisenmanagement des geschäftsführenden Obmannes Gerhard Hirschmann öffneten Waltraud Klasnic die Tür für den Weg an die Spitze. Krainer hatte eigentlich Hirschmann als seinen Nachfolger vorgeschlagen. Doch dieser verzichtete, weil er mit der weniger kantigen Klasnic längerfristig bessere Chancen für seine Partei sah. Ohne diese Sonderfaktoren wäre sie eine tüchtige, geachtete, anpassungsfähige und beliebte Politikerin knapp unterhalb der steirischen ÖVP-Spitze geblieben.

Als sie von Josef Krainer 1988 überraschend als Landesrätin für Wirtschaft in die Landesregierung berufen worden war, gab es anfangs Zweifel an ihrer Kompetenz. Der Neid vieler in der ÖVP war groß, die sich selber für viel geeigneter für diese Position hielten. Klasnic führte mit ihrem Mann ein kleines Transportunternehmen mit ein paar Lastautos, sie hatte etliche Jahre als Abgeordnete im Bundesrat und im steirischen Landtag ohne erkennbare Höhepunkte verbracht. Kann denn „so eine" die Wirtschaftspolitik eines Bundeslandes lenken, kann sie die Millionen aus Steuergeldern für die Wirtschaftsförderung klug einsetzen?

Die fatale Pannenserie

Für ein Mitglied der obersten politischen Kaste war sie weder eine große Rednerin noch war sie zunächst in den wichtigen Machtzirkeln der ÖVP verankert. Auch nächtliche Debattierrunden, unverzichtbare Gelegenheiten zum Aushecken politischer Strategien und Intrigen, waren in ihrer Anfangszeit nicht Klasnics Domäne. Sie verließ diese meist lange vor Mitternacht, oft mit dem Hinweis, sie müsse zeitig aufstehen und ihrem Mann in der Früh noch die Hemden bügeln. Doch Klasnic konnte zuhören, war enorm lernfähig und entwickelte im Umfeld ihrer Berater einen eigenen, sehr weiblichen Stil der sanften, aber bestimmten Machtausübung. „Mutti" wurde sie verzweifelt bis verächtlich von denen genannt, die sie unterschätzt hatten und die Klasnic hinter sich gelassen hatte. Sie ging mit den Menschen wandern und erreichte so ihre Herzen. Sie sprach aus Überzeugung davon, dass Probleme im Miteinander und nicht in Rivalität gelöst werden müssten, und hob sich von ihrem Umfeld ab, das von einer ausgeprägten Feindseligkeit besonders zwischen ÖVP und SPÖ geprägt war.

Bei der Landtagswahl 2000, die sie als Spitzenkandidatin mit dem Bonus der Landeshauptfrau bestritt, bescherte Klasnic ihrer Partei einen großen Erfolg, ihr Höhenflug schien kein Ende zu haben. Doch wie sie einst eine Panne ihres Vorgängers Josef Krainer an die Spitze des Landes und der Partei gespült hatte, stand eine Pannenserie am Beginn ihres eigenen Abstiegs. Besonders der Estag-Skandal und die Causa Herberstein brachen ihr politisch das Genick. Klasnic war bei einigen Personen zu arglos, die auf ihre Sympathien und auf das Geld der Steuerzahler schielten. Ihr Harmoniebedürfnis war zu ausgeprägt und ihr Krisenmanagement sowie das ihres Umfeldes hielt den Herausforderungen nicht stand. Die stets Unterschätzte wurde Opfer einer fatalen eigenen Selbstüberschätzung.

Peter Schachner-Blazizeks unerfüllte Mission

Niemals Anlass, ihn zu unterschätzen, bot hingegen der größte politische Widersacher und gleichzeitig Partner Klasnics in der Steiermark, Peter Schachner-Blazizek. Das erstaunliche Nebeneinander von Widersacher und Partner ergibt sich aus einer politischen Besonderheit im damaligen Österreich. Der aus der Proportionalität entstandene Begriff des Proporzes gab – ähnlich wie in der Schweiz – jeder politischen Partei ab einer gewissen Stärke das Recht auf Teilhabe an der Regierung. Eine Partei kam zu einem Amt in einer Stadt- oder Landesregierung, weil es ihr Kraft des Wahlergebnisses zustand, und nicht, weil sie ideologisch zu den anderen Parteien „passte". Indem er von der steirischen SPÖ 1990 dazu nominiert wurde, stand Schachner-Blazizek also das Amt des Landeshauptmann-Stellvertreters zu, eine Position übrigens, die schon sein Vater Alfred Schachner-Blazizek in den Sechzigerjahren innehatte.

Der Sohn hatte also einen politischen Hintergrund und war schon als junger Akademiker einer, der das Bekenntnis zur SPÖ für den eigenen Aufstieg nutzte. Als wohlbestallter Universitätsprofessor für Finanzrecht und als Geschäftsführer der Grazer Stadtwerke blieb er zunächst im Hintergrund. Als es empfindliche Wahlniederlagen der steirischen SPÖ setzte und ein Vakuum in der Führung die Partei lähmte, drängte er unaufhaltsam an die Spitze.

Peter Schachner-Blazizek beherrschte von Anfang an das politische Geschäft, sowohl in der Landesregierung als auch in der SPÖ. Seine erste Aufgabe war, die Partei nach der tiefen Verunsicherung, welche die Stahlkrise angerichtet hatte, wieder aufzurichten. Das war die Voraussetzung, um die ÖVP überhaupt herausfordern zu können. Ein Plakat mit den riesigen Lettern „Ich will" gab Freund und Feind Rätsel auf, sorgte aber für die beabsichtigte Aufmerksamkeit. Viele fragten: Will er sagen, dass er Landeshauptmann werden will? Schachner-Blazizek schätzte die Chancen wohl realistischer ein. Die Lösung lautete „Ich will die Wahrheit sagen, auch wenn sie wehtut". Das war die Botschaft, diverse Lebenslügen der SPÖ zu beenden. Etwa die, dass es für alle Zukunft rote Bundeskanzler geben müsse, dass staatliche Subventionen alle Wunden heilen oder dass die Partei sich nicht zu verändern brauche.

Mehrheiten gegen die ÖVP

Als Stratege griff er ab 1991 Josef Krainer dort an, wo er ihm die größten Schmerzen zufügen konnte. Schachner-Blazizek baute ein Gegengewicht zur umtriebigen Reformagenda der steirischen ÖVP auf und versuchte, sich in dieser Hinsicht auf Augenhöhe mit Krainer zu positionieren. So kamen die Steirer in den Genuss, Persönlichkeiten wie Günther Grass oder sozialdemokratische deutsche Ministerpräsidenten zu erleben. Bei der Landtagswahl 1995 feierte er einen großen persönlichen Erfolg und bescherte der ÖVP eine schwere Wahlniederlage. Der SPÖ-Vorsitzende war seinem Ziel sehr nahe gekommen, hatte aber den Sprung an die Spitze doch verfehlt. Bei mehr als 700.000 abgegebenen Wahlzetteln fehlten 2414 Stimmen, und er wurde nicht der erste SPÖ-Landeshauptmann der Steiermark. Klasnics Aufstieg zur Landeshauptfrau war nicht zu verhindern, doch Schachner-Blazizek blickte nach anfänglicher Enttäuschung schon in die fernere Zukunft.

Sein Erfolg war durch die FPÖ möglich geworden, die das Geschick Jörg Haiders auch in der Steiermark stark gemacht hatte. Doch in der Wiener Zentrale der SPÖ überwogen die Bedenken, sich mit dieser Partei einzulassen, die ein schlampiges bis unappetitliches Verhältnis zur Nazizeit und fragwürdige Standpunkte in Fragen der Migration hatte. Bundeskanzler und Parteivorsitzender Franz Vranitzky verfügte für die SPÖ die „Ausgrenzung" der Freiheitlichen. Das bedeutete, dass jede Zusammenarbeit mit der FPÖ auf Regierungsebene ausgeschlossen war. Schachner-Blazizek wehrte sich dagegen, dass sein Weg zur Fast-Herrschaft in der Steiermark durch die sozialdemokratischen Bedenken in Wien gebremst wurde, musste sich aber dem Diktat der Bundespartei beugen. Umso mehr trieb er in der Folge Klasnic und die ÖVP mithilfe der Freiheitlichen in der praktischen Landespolitik vor sich her.

Seine größte Schmach

Dazu kam die menschliche Komponente. Schachner-Blazizek war ein äußerst gebildeter und kulturell versierter und urban verwurzelter Mann. Klasnic verkörperte gerade als Frau aus einfachsten Verhältnissen einen Lebenszuschnitt, der so anders war wie der des steirischen SPÖ-Vorsitzenden. Auch die Art, wie leicht Klasnic Kontakt mit den Menschen herstellte, kontrastierte mit dem Naturell Schachner-Blazizeks, der sich mit Milieus schwertat, die ihm fremd waren. Erst allmählich gelang es dem urbanen Intellektuellen, die sozialistischen Gewerkschafter für sich zu gewinnen, aus deren Reihen seine Vorgänger an die Spitze der steirischen SPÖ gekommen waren. Wahrscheinlich gab es Zeiten, da hatte Klasnic eine bessere Gesprächsbasis mit den roten Gewerkschaftern als Schachner-Blazizek. Nur die stets große Loyalität innerhalb der SPÖ und ihr geradezu natürliches Machtstreben bewirkten, dass die Partei und ihr Vorsitzender langsam zu einer homogenen Einheit zusammenwuchsen.

Die Jahre des SPÖ-Vorsitzenden waren durch ein besonders schlechtes landespolitisches Klima geprägt. Er war nicht allein verantwortlich dafür, aber Schachner-Blazizek nutzte dieses Klima für sein Lebensziel, die ÖVP so entscheidend zu schwächen, dass sie die Vorherrschaft in der Steiermark verliert. Seine größte Schmach war, dass Waltraud Klasnic 2000 gegen ihn nicht verlor, sondern fast die absolute Mehrheit errang. Das verbesserte das Klima nicht wirklich. Peter Schachner-Blazizeks schnell aufgegangener Stern begann nach zwölf Jahren zu sinken, aber nicht jener der SPÖ. Es ist sein Verdienst, dass er mit Franz Voves jenen Mann als Nachfolger fand, der den Schwarzen tatsächlich die Position des Landeshauptmannes entriss. Dass es Waltraud Klasnic war, die einem SPÖ-Mann unterlag, mag eine späte Genugtuung für Schachner-Blazizek gewesen ein.

Jörg Haider, der Unberechenbare

Der gebürtige Oberösterreicher Jörg Haider war für jeden Journalisten nicht nur eine berufliche, sondern auch eine persönliche Herausforderung. Ich habe diese nicht glänzend bestanden und auch gar nicht bestehen wollen. Haider entzog sich den Regeln, weil er stets neue aufstellte, sie wieder verwarf und wieder andere schuf. Auch mit seinen Aussprüchen und unrichtigen Behauptungen verfuhr er so. Ich habe viele Fälle erlebt, in denen Haider auf Kritik erst mit einem Dementi reagierte, sich dann etwas korrigierte und die Sache schließlich als Ganzes bagatellisierte. Sein Bekenntnis war, unberechenbar zu sein und so in einem Umfeld der Berechenbarkeit wie ein Solitär zu funkeln. Inszenierung war kein Beiwerk seiner Arbeit, sondern integraler Bestandteil. Einer seiner Wahlsprüche könnte gelautet haben: Besser eine schlechte Publicity als gar keine.

Diese Zutaten mixte Jörg Haider zu einem perfekten politischen Menü. Gegen die biedere rot-schwarze Koalition und den unsäglichen Proporz auf allen Ebenen der Republik brachte er eine überaus erfolgreiche Oppositionsmaschine in Stellung. 1991 dachten ÖVP und SPÖ in den Bundesländern Kärnten, Salzburg und Tirol, sie könnten Haiders Sturmlauf bei Wahlgängen einbremsen, wenn diese Bundesländer an einem Tag wählten. In drei Bundesländern gleichzeitig Wahlkampf zu führen, würde über dessen Kräfte gehen, war das Kalkül. Doch eine fulminante Wahlbewegung sah letztlich Haider und die FPÖ als strahlende Sieger, hauptsächlich auf Kosten der ÖVP.

Ein Ständchen und ein Neoprenanzug

Ein Jahr davor erlebte ich eine von Haiders Inszenierungen. Die ÖVP-Anhänger waren zu Hunderten ins weststeirische Gasselsdorf gekommen, um den 60. Geburtstag von Landeshauptmann Josef Krainer zu feiern und ein starkes politisches Bekenntnis abzulegen. Ein großes Festzelt war voll Feierlaune, als der Lärm eines Hubschraubers Rätsel aufgab. Es war aber kein Rettungshubschrauber, der wegen eines Unglücks landete, sondern der in Kärnten zum Landeshauptmann aufgestiegene Jörg Haider, der angeflogen war, um dem steirischen Amtskollegen mit einem Sängerkreis ein Ständchen zu bringen.

Eine meiner ersten Begegnungen mit Jörg Haider hatte ich, als er in ein ländliches Gasthaus in einem obersteirischen Dorf zu einer Pressekonferenz lud. Wir Berichterstatter waren aus Graz oder Wien angereist und waren gespannt, was dieser Mann uns ausgerechnet hier wohl zu sagen hatte. Als wir schon länger wartend in der Gaststube saßen, forderte uns ein Mitarbeiter Haiders zu unserer Überraschung auf, hinaus und an das Ufer des nahen Baches zu kommen. Dort sahen wir ihn und seinen angehenden steirischen Statthalter Michael Schmid in hauteng anliegenden Neoprenanzügen aus Faltbooten steigen und uns munter anlachen. Nach jovialer Begrüßung und einem Garderobenwechsel mit entsprechendem Zeitverlust hielt Haider seine Pressekonferenz ab.

Es spricht vielleicht gegen mich und mein journalistisches Gespür, aber fortan ärgerte ich mich über Haider und seinen Neoprenanzug. Was war die Botschaft, die ich damals meinen Lesern hätte überbringen sollen? Der Neoprenanzug? War es ein politischer Inhalt? Und wurde dieser Inhalt durch den Neoprenanzug relevanter oder nicht? Bin ich Jörg Haider und seinem Neoprenanzug verpflichtet oder meinen Lesern?

Nicht überrascht, aber fassungslos

Ich wurde also nie ein Bewunderer Jörg Haiders, sondern blieb stets auf Distanz, die vielleicht größer war als die mancher Kollegen. Mir war nicht unrecht, dass Haiders Wirkungsgebiet in Kärnten oder Wien war, während ich für eine steirische Zeitung vorwiegend über Landespolitisches berichtete. Ich habe im Gegensatz zu vielen Kollegen auch nie versucht, diesem Mann und seiner angeblichen Mission auf den Grund zu gehen, sondern war immer bemüht, ihn an seinen Worten und Taten zu messen statt an seinen

Inszenierungen. Dazu kommt eine Eigenschaft Jörg Haiders, die mich besonders abstößt. Es gibt Menschen, die sind – etwa beim Kartenspiel – schlechte Verlierer. Das kann ich irgendwie verstehen. Auch Haider war ein schlechter Verlierer, und ich hatte dafür genau so viel Verständnis wie für die als Beispiel genannten Kartenspieler. Aber Haider war auch ein schlechter Gewinner. Er konnte sich nach einem Wahlsieg über seine unterlegenen politischen Gegner lustig machen, sie verächtlich machen.

Abstoßend empfand ich ein Ereignis, als er eine der wichtigsten Unterstützerinnen seiner frühen Tage, die Kärntnerin Kriemhild Trattnig, auf besonders schäbige Art lächerlich machte. Trattnig kann nichts für ihren Vornamen, hat sich des Namens mit ihrem betonten deutschnationalen Gehabe aber als würdig erwiesen. Auf einem Parteitag 1992 betrat ein Vertrauter Haiders, mit einem Dirndl verkleidet und unschwer als Parodie Trattnigs erkennbar, die Bühne und verhöhnte unter dem Gejohle der Anwesenden die verdiente Gönnerin der Partei. Ich missbillige noch heute die politischen Ideen, die Kriemhild Trattnig vertritt, aber mindestens so sehr verabscheue ich dieses Verhalten ihr gegenüber, das Haider zuließ.

Mit einem Wort: Ich war in der *Kleinen Zeitung* nie der große Jörg-Haider-Berichterstatter. Sein Populismus und sein Hang zur Selbstinszenierung waren mir immer suspekt. Welche Relevanz hatte denn die Farbe seiner Krawatte, der Schnitt seiner Hosen, die Kragenform seiner Hemden? Ich bin nicht überrascht, aber fassungslos über den unglaublichen Schaden, den er dem Land Kärnten und der Republik Österreich hinterlassen hat. Und ich bin ebenfalls nicht überrascht, aber fassungslos darüber, dass es so viele Menschen gibt, die ein paar Augenblicke des vermeintlichen Glücks über ein freundliches Haider-Wort höher einschätzen als den Milliarden Euro schweren Schaden, der für immer mit seinem Namen verbunden bleibt.

In diesem Sinne habe ich über seinen Tod und dessen Umstände mein eigenes Resümee gezogen: Jörg Haider war in jeder Beziehung maßlos. Im Leben wie im Sterben.

Gerhard Hirschmann, brillant und verbissen

Gerhard Hirschmann ist eine der schillerndsten und widersprüchlichsten Figuren, die ich in der steirischen Politik erlebt habe. Einerseits war er ein brillanter Kopf und stand für visionäre Reformideen, andererseits sah er auf verbissene Weise in der SPÖ ein Feindbild. Die Verhinderung sozialdemokratischer Macht war ihm die Lebensaufgabe; und er wird es deshalb als eine böse Ironie des Schicksals auffassen, dass er 2005 entscheidenden Anteil am Aufstieg der SPÖ in der Steiermark zur Nummer eins hatte.

Gemeinsam mit Bernd Schilcher, Hermann Schützenhöfer und anderen leitete Hirschmann unter der Schirmherrschaft Josef Krainers ab 1981 ein Jahrzehnt der Reformen in der Steiermark und in der ÖVP ein. Der Landesrechnungshof, Unvereinbarkeitsregeln für Politiker, Transparenz in der Postenbesetzung, die Öffnung von verkrusteten Strukturen und so etwas wie die Rückkehr von etwas Intellektualität in der Landespolitik gehen auf seine Rechnung und die seiner Weggefährten. In der *Kleinen Zeitung* fand Hirschmann stets tatkräftige Unterstützung. Die Redakteure machten aber auch deutlich, dass die Wirkung des brillanten Hirschmann durch seinen Zynismus und eine gewisse Distanz zu den Bürgern geschmälert wurde.

Schlagzeilen statt Reformideen

Aus dem parteipolitischen Nichts gekommen, wurde er mit 30 Jahren Landesparteisekretär und mit 38 geschäftsführender ÖVP-Obmann. Da hatte er den Nimbus, die Zukunft der Partei und des Landes zu verkörpern. Dass die ÖVP 1991 die absolute Mehrheit verlor, hat ihn tief getroffen und einen gewissen Mangel an Größe offenbart. Ab sofort lieferte er Reformideen nur noch für die Schlagzeilen und stürzte sich ins Getümmel der Machtpolitik. Hirschmann provozierte nach innen und außen und bediente sich dabei seines beträchtlichen zynischen Potenzials. Freunde hat er sich damit nicht viele gemacht, auch nicht in der ÖVP.

Das zeigte seine Wirkung, als Ende 1995 die fatale Niederlage Josef Krainers bei der Landtagswahl alles in der ÖVP auf den Kopf stellte. Gerhard Hirschmann war der logische Nachfolger, erkannte aber, dass dem Land mit Waltraud Klasnic besser gedient wäre. Ich habe das später folgendermaßen beschrieben: „Das war ein Verzicht, der schwerer wiegt, als ein Mann wie er ertragen kann." Ihm behagten die neuen Verhältnisse nicht, und er brach mit all seinen Prinzipien. Hirschmann glaubte, sein Wechsel in den Vorstand des Energiekonzerns Estag würde ihm wieder Aufmerksamkeit und Bedeutung bringen. Er wischte beiseite, dass er einst für klare Grenzen zwischen der Politik und Unternehmen der öffentlichen Hand, wie die Estag eines ist, gekämpft hatte, und er missachtete bei seinem Versuch, sich in den Schlagzeilen als Aufdecker von Missständen im Unternehmen zu positionieren, auch noch die engen Regeln des Aktiengesetzes.

Sein Ende in dieser Managerfunktion war ruhmlos, er sah die Schuld dafür in der ÖVP, in einem geheimnisvollen „Imperium", das ihn habe „vernichten" wollen, aber in keiner Phase bei sich selbst. Mit der Entscheidung, eine eigene Partei zu gründen und gegen die ohnehin schon schwer taumelnde ÖVP anzutreten, versetzte er sich selbst, Waltraud Klasnic und der Position der ÖVP als Nummer eins im Land 2005 den Todesstoß.

Im steirischen Landtag

Aus einem altmodisch anmutenden, aber ernsthaften Motiv habe ich Sitzungen des Landtages fast immer ausdauernd verfolgt. Ein Grund für meine Ausdauer und Geduld war, dass hier die von den Steirern gewählten Vertreter versammelt waren, denen ich gewissermaßen die Ehre erwies. Der Landtag hat mir diese Vorzugsbehandlung selten vergolten. Viele Abgeordnete bestätigen die relative Bedeutungslosigkeit der Institution durch die Qualität ihrer Reden. Ich kann nicht sagen, ob die Wortmeldungen der Abgeordneten in den Sitzungen der Landtagsausschüsse fundierter und kurzweiliger sind als im Plenum oder ob diese Politiker in ihren Heimatregionen womöglich hinreißende politische Akteure sind. Im Landtag jedenfalls habe ich das Niveau der Debatten bis auf wenige Ausnahmen meist als stark verbesserungswürdig erlebt.

Mit diesem harten Urteil begebe ich mich auf dünnes Eis, das ist mir bewusst. Ich kann als Urteilsbegründung aber auf eine meiner erworbenen Kompetenzen hinweisen. Ein politischer Journalist in einer österreichischen Landeshauptstadt kommt gar nicht umhin, viele Akteure der politischen Kaste zu kennen, ihnen nahe zu sein und ihnen bei ihren Auftritten zuzuhören. Journalisten sind gelernte Zuhörer, die dieses seltsame Handwerk wirklich bei meist mühsamen und langweiligen Anlässen verinnerlicht haben. In einem Meer von unerheblichen, manchmal eitlen und rhetorisch oft mediokren Reden glitzern nur selten Schaumkronen rednerischer Brillanz.

Sparmeister und Begehrlichkeiten

In der eigentlichen Arbeit als landespolitischer Berichterstatter standen oft die Finanzen des Landes Steiermark im Mittelpunkt. Ich war geprägt von der Erfahrung der Ära Kreisky, als die soliden Staatsfinanzen der Republik durch eine großzügige Sozialpolitik innerhalb von kaum zehn Jahren ziemlich in Unordnung gebracht wurden. Die finanzielle Lage der Steiermark war aus historischen und strukturellen Gründen schlecht, die Auseinandersetzungen im

Spannungsfeld zwischen dem, was sozial wünschenswert und finanziell möglich schien, waren also umso größer. Dazu unterbanden die Maastricht-Kriterien der EU zunehmend budgetäre Exzesse. Lange Zeit war ausgerechnet ein Sozialdemokrat beherzter Sparmeister der Steiermark. Der für die Finanzen zuständige Landesrat Christoph Klauser plädierte wiederholt energisch für einen verantwortungsvollen Umgang mit den knappen Geldern. Doch mit dem Ende der absoluten ÖVP-Vorherrschaft im Lande erhöhten die SPÖ und die anderen Parteien den Druck, mehr Defizite und Schulden zuzulassen.

Die komplizierte Mechanik der Landesfinanzen bot zunächst noch Schlupflöcher und Gestaltungsspielräume für den Ausbau sozialstaatlicher Annehmlichkeiten. Aber das Klima in der Landespolitik war nach 1991 kalt geworden, und die Begehrlichkeiten der SPÖ orientierten sich an sozialpolitischen Wunschvorstellungen und nicht am Kontostand des Landes. Die Folge waren parteipolitische Machtkämpfe auf dem Rücken der Steuerzahler. Viele Jahre lang waren die Ausgaben des Landes um zehn bis 20 Prozent höher als die Einnahmen. Wenn die ÖVP darauf mahnend hinwies, wurde sie als herzlos gebrandmarkt. Wenn die SPÖ verbesserte sozialpolitische Leistungen für die Menschen anstrebte, wurde ihr verantwortungsloses Schuldenmachen vorgeworfen. Es waren die Argumente, die später in ganz Europa in der Eurokrise Allgemeingut wurden.

Schuldenmacher und Kaputtsparer

Die Auseinandersetzungen nahmen an Heftigkeit zu, als ÖVP und FPÖ im Jahr 2000 eine Bundesregierung mit Wolfgang Schüssel an der Spitze bildeten und Waltraud Klasnic im gleichen Jahr in der Steiermark für die ÖVP fast die absolute Mehrheit errang. Die SPÖ, die nur noch drei der neun Mitglieder der Landesregierung stellte, zog sich ins Schmollwinkerl zurück. Ihr Linksaußen, Soziallandesrat Kurt Flecker, verstieg sich in einer Wortmeldung im Landtag dazu, die schwarz-blaue Bundesregierung als „Regime" zu bezeichnen, als Regierung ohne demokratische Legitimation.

Für den Berichterstatter einer parteipolitisch unabhängigen Zeitung waren die Verhältnisse manchmal kompliziert. Es war und ist für eine unabhängige Zeitung undenkbar, die SPÖ pauschal als Schuldenmacherin darzustellen oder der ÖVP undifferenziert eine Politik des Kaputtsparens vorzuwerfen. Im Getümmel der ideologischen Auseinandersetzungen gab es also nur Halt, wenn man mit den Fakten sehr sorgfältig umging. Die waren und sind bei den öffentlichen Finanzen aber schwierig zu fassen. Umso mehr interessierte es mich natürlich, diese Herausforderung anzunehmen. Ich hinterfragte die politische Praxis und machte mich sowohl bei den Finanzlandesräten der SPÖ als auch bei denen der ÖVP unbeliebt. So kann ich vermuten, dass ich meine Leser wohl ziemlich objektiv über die Finanzen des Landes Steiermark informiert haben dürfte.

Enttäuschte Reformpartner: Franz Voves (SPÖ) und Hermann Schützenhöfer (ÖVP) brachten etwas weiter, aber die Steirer hatten 2015 andere Sorgen.

Wahl zum Landtag 2015: Die Scheidung.

Mit Hermann Schützenhöfer wurde 2015 wieder ein ÖVP-Politiker Landeshauptmann der Steiermark, obwohl er und seine Partei bei der Landtagswahl verloren hatten. Das war die unerwartete Folge der Wahl vom 31. Mai. Sie verdeckt, dass der Urnengang eine Art Erdrutsch war.

Die SPÖ verlor gegenüber 2010 neun Prozentpunkte und kam auf nur noch 29,3 Prozent der Stimmen. Die ÖVP hat mit nur noch 28,5 Prozent fast so viel verloren wie die Sozialdemokraten. Im Gegenzug hatten die Wähler die FPÖ um 16,1 Prozent auf 26,8 Prozentpunkte katapultiert. Das bedeutet, dass Rot und Schwarz zusammen weniger als 58 Prozent der Stimmen erreichten. Zehn Jahre zuvor, als die SPÖ mit Franz Voves an die Spitze der Steiermark gestürmt war, waren es noch fast 80 Prozent gewesen. Die 58 Prozent, die diesmal Rot und Schwarz einsammelten, hatte Friedrich Niederl als ÖVP-Landeshauptmann 1974 fast im Alleingang erreicht. Naja, es waren 53 Prozent.

Niederls nächste Wahl 1978 war meine erste, die ich im Team der *Kleinen Zeitung* verfolgte. Die Landtagswahl 2015 war eine andere Art von Premiere. Erstmals war ich nicht mehr Teil der Berichterstattung, weil ich nach den zwei Jahren in Brüssel im außenpolitischen Ressort der *Kleinen Zeitung* gelandet war. Es war eine neue Erfahrung für mich, die steirische Landespolitik und einen Wahlkampf nicht mehr aus so großer Nähe zu verfolgen wie während meiner mehr als 30-jährigen Berichterstattung in der Vergangenheit.

Reformpartner und Stimmung

2010 hatten SPÖ und ÖVP ihre Reformpartnerschaft gestartet, den noch durchaus einzigartigen Versuch einer konstruktiven Politik zum Wohl für Land und Leute. Mit Elan wurden veraltete Strukturen verändert, Gemeinden und Bezirke zusammengelegt und Bürokratie eingedämmt. Mich hat aber verwundert, wie sehr die beiden Parteien einander auf die Schultern klopften und wie unbeirrbar die Akteure glaubten, sie hätten etwas Besonderes zustande gebracht. Eigentlich ist es doch die Pflicht und Schuldigkeit gewählter Politiker, die Dinge zum Besseren zu verändern. In ihrem Eifer sind die steirischen Politiker wieder dem Irrglauben verfallen, bei Wahlen werde Politik für vollbrachte Taten belohnt und für unterbliebene bestraft. Dabei müssten die schwarzen und roten Politprofis längst begriffen haben, dass Dankbarkeit in der Politik keine Kategorie ist.

In dieser Stimmung haben die Strategen von SPÖ und ÖVP im Wahlkampf 2015 auf die falschen Themen gesetzt. Man war besorgt, ob die Zusammenlegung von Gemeinden und politischen Bezirken oder die Reform der Amtsabteilungen von den Steirern entsprechend gewürdigt werden, und ließ die Stimmung unter den Bürgern prüfen. Die Meinungsbefragungen signalisierten wenig Gefahr. Eine Umfrage der *Kleinen Zeitung* ergab, dass 50 Prozent der Menschen das Gefühl hatten, es ginge in der Steiermark etwas weiter. Gar 66 Prozent befürworteten den Reformkurs generell und immerhin 39 Prozent fanden ihn im persönlichen Umfeld gut. Die objektiv erhobenen Daten wiegten die Parteien in Sicherheit, hatten aber den großen Nachteil, dass sie die subjektive Befindlichkeit der Befragten nur sehr partiell hinterfragten.

Ein wahltaktischer Kniff

Das Wahlergebnis vom 31. Mai war in seinem Ausmaß überraschend, aber nicht in seiner Tendenz. Die repräsentative Meinungsumfrage des OGM-Instituts im Auftrag der *Kleinen Zeitung* von Anfang Mai hatte folgendes Ergebnis erwarten lassen: 30 Prozent SPÖ, 28 ÖVP, 24 FPÖ. Die am Wahlsonntag erreichten Werte von 29, 28 und 26 Prozent unterschieden sich von der Umfrage nicht dramatisch. SPÖ und ÖVP hatten gegenüber 2010 je rund neun Prozentpunkte verloren, die FPÖ sagenhafte 16 gewonnen. Ein Indiz dafür, wie bescheiden die Erwartungen der Reformpartner waren, war auch die Festlegung des Landeshauptmannes Franz Voves, er werde zurücktreten, wenn die SPÖ unter die Marke von 30 Prozent fallen sollte.

Damit es nicht so arg wird, versuchten es die beiden Parteien wieder einmal mit einem taktischen Kniff. Der Termin der Landtagswahl wurde von September auf Ende Mai vorverlegt. Bei den Gemeinderatswahlen im März dieses Jahres waren die Ergebnisse aus der Sicht von SPÖ und ÖVP nämlich besser ausgefallen als befürchtet, weshalb Voves und Schützenhöfer kalkulierten, ein kurzer Wahlkampf würde die Opposition überrumpeln. Die Taktiker verdrängten, dass die Wähler bei der Vorverlegung von Wahlen meist den bestrafen, der die Terminwahl getroffen hat. Die steirische ÖVP hat damit mindestens zwei Mal sehr schlechte Erfahrungen gemacht.

Was die Menschen beschäftigt

Das waren typische Überlegungen der politischen Taktiker. Sie hatten in ihrem Elfenbeinturm nicht begriffen, dass die Scheidung der Bürger von Rot und Schwarz praktisch schon vollzogen war. SPÖ und ÖVP ließen das subjektive Empfinden der Bürger völlig außer Acht. Natürlich war der Landtag zu wählen, und natürlich ging es auch um die Beurteilung der Reformpartnerschaft auf steirischer Ebene. Aber die Menschen beschäftigten andere Themen viel stärker, die sie unmittelbar betrafen als das eher abstrakte Reformprogramm. Jeden Monat titelten die Zeitungen steigende Arbeitslosenzahlen. Die Migration nach Europa hatte die Dimension einer Völkerwanderung angenommen, die längst in der Steiermark angekommen war. Im Mittelmeer, das die Menschen mit angenehmen Urlaubsgefühlen verbinden, spielt sich seit Jahren ein Flüchtlingsdrama mit Tausenden Toten ab.

Doch es schien so, als ob die Politik das nicht einmal wahrnahm, was die Steirer beschäftigt. Im Jänner 2015 ist in Paris und in Belgien der islamistische Terror und damit die Angst auf europäische Schauplätze zurückgekehrt. In der österreichischen Bundespolitik hielt der Stillstand der Koalition von SPÖ und ÖVP an. Zu glauben, die Einigung auf eine Steuerreform sei eine Art Befreiungsschlag zugunsten dieser Parteien, war naiv. Die Spitzen von SPÖ und ÖVP haben auch die OGM-Umfrage der *Kleinen Zeitung* nicht sorgfältig gelesen. Sie und zahlreiche andere Quellen belegen, dass das Ausländer- und Flüchtlingsthema und die Ausdünnung des ländlichen Raums die Bürger am meisten beschäftigt.

SPÖ und ÖVP ignorierten nicht nur die Empfindungen der Bürger, sondern gaukelten der Öffentlichkeit auch noch eine heile Welt vor. Sie waren überzeugt, die Alpine Ski-WM in Schladming, der Grand Prix in Spielberg, die Wahl des blumenreichsten Dorfes oder gelegentliche Besuche Arnold Schwarzeneggers würden das Wahlvolk beeindrucken. Obwohl mit Händen zu greifen war, dass es die Bürger nur wenig interessierte, setzten Voves und Schützenhöfer darauf, die Steirer mit ihren Reformen zu beeindrucken. Sie wurden dabei durchaus von den Medien unterstützt, wie im elektronischen Archiv der *Kleinen Zeitung* für den Zeitraum von Anfang 2014 bis zum Wahltag Ende Mai 2015 nachzulesen ist. Die Suchmaschine zeigt, dass in den Berichten die Wörter Reform und Reformpartnerschaft gezählte 237 Mal sowohl im Zusammenhang mit Voves als auch mit Schützenhöfer aufgetaucht sind. Der Begriff Ausländer fiel in der Zeitung 23 Mal, das Wort Islam in Verbindung mit Voves 13 Mal und mit Schützenhöfer ganze sieben Mal in eineinhalb Jahren.

Dabei muss aufmerksamen Beobachtern klar gewesen sein, dass die Menschen viele Veränderungen nicht nur im europäischen Maßstab, sondern auch in ihrer unmittelbaren Umgebung als bedrohlich empfinden. Die Schließung von Polizeidienststellen als Weg zu mehr Sicherheit für die Bürger darzustellen, war nicht sehr kreativ. Viele fühlen sich beim Thema Migration und Bettelei allein gelassen, und dann schwappte 2015 noch die große Welle von Flüchtlingen aus Nahost direkt in die Städte und Dörfer über. Dazu war eine negative Grundstimmung entstanden, weil notwendige Reformen im Sozialbereich von den

Betroffenen laufend angeprangert wurden. Die Diskussion über die drohende Schließung von Spitälern machte die Bürger misstrauisch. Viele verstört die Abwanderung aus den ländlichen Regionen, aus denen die Jungen in die Ballungszentren strömen und wo bald nur noch die Alten wohnen werden.

Mario Kunaseks Gedanken

All diese brisanten Stimmungen und Strömungen ließen nicht nur die Strategen von SPÖ und ÖVP in der Steiermark völlig außer Acht. Auch die kleineren Parteien hatten sie nicht auf ihrer Rechnung. Nur die FPÖ fand wieder eine Grundstimmung vor, die den Wind des Ressentiments in die Segel des Rechtspopulismus blies. Sie konnte an ihren hetzerischen Botschaften und Übertreibungen festhalten, gerade beim Thema Migration und Integration. Auch das vermittelte den Wählern, die dafür empfänglich sind, ein Bild der Kontinuität.

Argumente spielen bei der FPÖ ohnehin keine Rolle, wie der folgende Satz zeigt: „Die Steirer wollen die Zukunft ihres Heimatlandes positiv gestalten, Altlasten abbauen und mit Zuversicht und Hoffnung auf Erfolg in die kommenden Jahre und Jahrzehnte gehen. Wenn wir daher von Zukunftsgestaltung sprechen, dann bedeutet das, die politischen Voraussetzungen dafür zu schaffen, um ein Höchstmaß dieser Kräfte im Einzelnen und als Allgemeinheit frei machen zu können und Blockaden und Hemmnisse abzubauen, Werte offensiv als Gewinn und Maßstab für politisches Handeln anzuerkennen, statt sie als Belastung und Einschränkung zu sehen, sowie die Kluft zwischen Bürgern und Politik kleiner zu machen und eine neue Basis des gegenseitigen Vertrauens zu schaffen."

Ist das der Text eines Wahlsiegers? Ja, wirklich. Er stammt wortwörtlich aus der Feder Mario Kunaseks, des siegreichen Spitzenkandidaten der FPÖ. Diese spröden Zeilen mutet er bei der Landtagswahl den Lesern des Steirischen Jahrbuchs für Politik 2014 (Böhlau-Verlag) zu, das im Wahljahr vorgestellt wurde. Kunasek war der große, ja überragende Wahlgewinner. Aber er oder sein Redenschreiber ist offenbar nicht sehr versiert darin, seine Motive in sinnvollen Texten darzulegen.

Kunstvoll Geschriebenes oder klug Argumentiertes spielt, wie der Beitrag Kunaseks zeigt, bei der FPÖ keine Rolle, und es geht ihr gar nicht darum. Das Steirische Jahrbuch für Politik richtet sich auch nicht primär an die freiheitlichen Wähler. Die FPÖ hat den Rechtspopulismus als attraktive Verpackung für ihre Inhalte veredelt, die im Wesentlichen aus Ressentiments und Vorurteilen bestehen. Seit mehr als 20 Jahren wiederholt diese Partei gebetsmühlenartig, es gebe zu viele Ausländer, die uns auch noch frech auf der Tasche sitzen. Und nach mehr als 20 Jahren ist eben viel davon bei den Bürgern angekommen. Es gab ja bis auf wenige Ausnahmen, die zu vernachlässigen sind, keine Auseinandersetzung mit diesen Inhalten. Das aber ist nicht das Versäumnis der Freiheitlichen, sondern das ihrer politischen Gegner. Seit Jörg Haiders frühen Zeiten hieß es, das Ausländerthema würde ohnehin nur der FPÖ nützen, also sei es besser, es gar nicht anzuschneiden. Und schon gar nicht, etwas zum Besseren zu wenden. Diese Strategie rächt sich offenbar bitter. Jetzt haben wir in den Augen vieler Bürger wirklich ein Migrationsproblem, aber bisher war es nur die FPÖ, die das überhaupt kommuniziert hat.

Integrationsverweigerung

Ganz kurz hatte es im Jänner 2015 dennoch den Anschein, das Thema Migration könnte die politische Ebene der Steiermark abseits der FPÖ-Agitation erreichen. Die islamistischen Terrorakte in Paris mit mehreren Todesopfern verstörten nicht nur die Öffentlichkeit, sondern bewegten auch SPÖ-Landeshauptmann Franz Voves zu einem seiner seltenen politischen Bekenntnisse. Auf blutige Weise war bewusst geworden, dass in unserer Gesellschaft Gruppen frontal und brutal die Werte Europas angreifen. Voves prangerte die – wie er es nannte – Integrationsverweigerung unter den muslimischen Mitbürgern an und forderte die Wachsamkeit der Zivilgesellschaft. Es hätte der Beginn einer fruchtbaren gesellschaftlichen Debatte über die Zuwanderung sein können, über die Konsequenzen dieser Entwicklung und darüber, was Bürger dabei empfinden. Es passte aber nicht in das Wahlkampfkonzept und war auch nicht nach dem Geschmack der SPÖ auf Bundesebene. Aus ganz Österreich ergoss sich Kritik und Häme von Sozialdemokraten über den Steirer. Die Akteure inszenierten ihre Ablehnung als gelungene Revanche für so manche Belehrungen aus dem Munde des „Kernölsozialisten", wie sie Voves verächtlich bezeichneten. Das Wahlergebnis Ende Mai mit dem außerordentlich hohen Stimmenzuwachs der Freiheitlichen in der Steiermark ließ die Voves-Kritiker in der SPÖ schließlich ziemlich alt aussehen.

Kampfpartnerschaft

Das Wahlresultat vom 31. Mai 2015 war die Fortsetzung einer Entwicklung, die schon lange anhält. Die Wähler haben längst keinen rationalen Vorteil mehr durch ihre Stimmabgabe und kaum noch einen emotionalen Gewinn, wenn sie auf dem Stimmzettel SPÖ oder ÖVP ankreuzen. In den Krisenjahren der steirischen Industrie, die ich in diesem Buch schildere, war es um persönliche Existenzen gegangen, verbunden mit der Hoffnung, die Lage könnte sich durch Rot oder Schwarz verbessern oder wenigstens nicht verschlechtern. Die Steirer haben intensiv empfunden, dass ÖVP und SPÖ – mit unterschiedlichen ideologischen Mitteln, aber doch Schulter an Schulter – gegen die Krise und für die Zukunft kämpften. Diese Kampfpartnerschaft der Achtzigerjahre war viel stärker ausgeprägt und im Bewusstsein der Menschen verankert als die Reformpartnerschaft ab 2010. Die Menschen haben sie damals auch deshalb stärker gespürt, weil sie die Spitzenpolitiker nicht nur bei Wahlkampfveranstaltungen erlebten.

Doch die letzten 20 Jahre haben die Steirer gar nichts mehr gespürt von der Landespolitik außer Zank und Hader. Es ist ein Wunder, dass für die Steiermark dadurch kein größerer Schaden entstanden ist. Einen Schaden, der kaum noch zu reparieren ist, hat sich die Politik aber selbst zugefügt, weiß ich aus Reaktionen der Leser. Das sagt das Wahlergebnis von 2015 insgesamt und im Detail. SPÖ und ÖVP haben zwar Ordentliches als Reformpartner geleistet, aber es grottenschlecht kommuniziert. Bei der Zusammenlegung von Gemeinden, der Veränderung der Bezirksgrenzen oder der Reform der Bürokratie wurden die Bürger zwar durchaus informiert, aber emotional nicht mitgenommen.

Ich glaube, dass der Übergang vom alten feindseligen Hickhack zur neuen Gemeinsamkeit auch zu überraschend gekommen ist und viele Bürger ratlos zurückließ. Was, die Roten sind keine skrupellosen Steuergeldverschwender mehr, die Schwarzen doch keine menschenverachtenden Neoliberalen? So maßlos, wie die wichtigsten Akteure der beiden Großparteien bis 2010 im politischen Grabenkampf waren, so maßlos sind sie seither im wechselseitigen Schulterklopfen. Das ist, und das werden die Parteien unterschätzt haben, eine Veränderung, die viele Wähler stutzig macht.

Generalverdacht

Mit dem Generalverdacht der Bürger, dass die Politiker hauptsächlich nichts können und nichts tun, hat sich die Reformpartnerschaft nicht einmal auseinandergesetzt. Viele Wähler meinen, dieser Schwung der Jahre bis 2015 werde nicht lange halten und dann würde in der steirischen Politik wieder alles so unbefriedigend sein wie immer. Für diese pessimistische Annahme gibt es gute Gründe. In allen Ländern Europas und in jeder politischen Ecke haben sich in den letzten Jahren Strömungen entwickelt, die lustvoll an den demokratischen Grundfesten und etablierten politischen Führungen rütteln. Es gibt nicht nur den Vormarsch zahlreicher Links- und Rechtspopulisten in fast allen europäischen Staaten; auch viele prominente Intellektuelle sehen das politische System am Ende. So der frühere SPD-Bundeskanzler Helmut Schmidt, der einflussreiche US-Ökonom Joseph Stieglitz, der französische Kapitalismuskritiker Thomas Piketty oder dessen Landsmann, der Diplomat und Essayist Stéphane Hessel, der viele Bürger hinter seinem Aufruf versammelte, sich gegen die herrschenden Verhältnisse zu empören.

Bemerkenswert im steirischen Landtagswahlkampf 2015 war die Rolle der Medien. Mit ihren großen Reichweiten waren die *Kleine Zeitung*, die mit Abstand größte Zeitung im Land, die Kronen Zeitung und die Radio- und TV-Sendungen des ORF-Steiermark wie immer wichtige Meinungsbildner. Alle drei Medienunternehmen legten ein offenes Bekenntnis zum Kurs der Reformpartnerschaft ab. Das haben SPÖ und ÖVP als wohltuend empfunden. Man muss dazu wissen, dass die Kronen Zeitung fünf Jahre vorher ihren Lesern förmlich abgeraten hatte, Franz Voves zu wählen. Der hatte 2010 dennoch – oder deshalb – seinen Sessel als Landeshauptmann retten können. So tollkühn wollte das Blatt nicht noch einmal sein.

KLEINE ZEITUNG

GRAZ, DIENSTAG, 2. JUNI 2015 · www.kleinezeitung.at

SPORT

Hosp hört auf

Nach 14 Jahren und 12 Medaillen bei Großereignissen sagt Nicole Hosp dem Skiweltcup Adieu. Mit mehr als einer Träne. **SEITE 53**

SCHÜTZENHÖFER SCHLIESST SCHWARZ-BLAU NICHT AUS

ÖVP pokert um Landeshauptmann

...en um die Macht. Die Volkspartei erhöht mit einem angedeuteten Flirt mit Mario Kunaseks FPÖ den Druck auf die SPÖ und fordert eine ...zeitlösung für das Amt des Landeshauptmannes. Franz Voves will in nur drei Wochen den Regierungspakt schnüren.   **SEITEN 2-19, 40/41**

NACHRUF

Billa-Gründer tot

Der Immobilien-Tycoon und Handelspionier Karl Wlaschek starb im Alter von 97 Jahren.
SEITEN 20/21

WIRTSCHAFT

Keine Zinsen. Mehrere Banken senken Habenzinsen für neue Girokonten auf null. Auch Sollzinsen sinken.
SEITEN 36/37

Wende rückwärts: Unter dem Eindruck des Erfolges von FPÖ-Mann Mario Kunasek holte Hermann Schützenhöfer den Landeshauptmann der Steiermark 2015 für die ÖVP zurück.

Ausdruck der Hilflosigkeit: Wiederholte Demonstrationen der Bauern stoßen kaum auf öffentliches Interesse.

Bauern am Rande der Gesellschaft.

Manchmal dringt aus den Seiten der *Kleinen Zeitung* so etwas wie der Duft frischen Heus, das Aroma deftiger Käselaibe, der Geruch der Selchkammern oder auch ein wenig die Ausdünstungen der Viehställe. Sie gehören zu einem besonders lebendigen Teil meiner Arbeit als Journalist. Aufschlussreiche Einblicke konnte ich den Lesern der *Kleinen Zeitung* geben, wenn ich über viele Jahre von einem ganz speziellen Ereignis berichtete: der „Grünen Woche" auf dem Berliner Messegelände. Die weltgrößte Messe für Landwirtschaft und Ernährung ist ein interessanter, manchmal auch verwunderlicher Gradmesser für die globalen Entwicklungen auf diesem Gebiet.

Neben der Arbeit als Politikredakteur bin ich mit der Zeit auch in die Berichterstattung über die Landwirtschaft hineingewachsen. Immerhin interessiert Essen und Trinken und alles, was dahinter steckt, praktisch jedermann. Das war der *Kleinen Zeitung* bewusst, und ich konnte mein zweites Standbein als Agrarjournalist entwickeln. In dieser Eigenschaft war ich in einer Zeitspanne von mehr als 20 Jahren fast regelmäßig auf der Grünen Woche und bekam einen guten Überblick über das, was sich auf diesem Sektor tut. Die Schau ist für die Landwirtschaft jedes Landes eine Art Schaufenster, ihre Produkte zu präsentieren, und zwar sowohl dem Fachpublikum der Lebensmittelbranche aus aller Welt als auch den Menschen von Berlin und Umgebung. Das Publikum strömt in diesen zehn Tagen in der zweiten Jännerhälfte alljährlich zu Hunderttausenden in die Messehallen.

Das gibt ein überaus buntes Bild, vornehmlich geprägt durch Gedränge, Geräusche und Gerüche. Da mischen sich exotische Aromen Asiens mit den Düften mediterraner Fischgerichte und deftigen Gerüchen aus den Selchkammern Europas. Langbeinige Hostessen großer Agrarkonzerne trippeln neben lederbehosten Bayern mit schweren Schuhen. Kurz berockte Russinnen oder Ukrainerinnen mit unglaublich hohen und dünnen Stöckelschuhabsätzen wandeln neben stämmigen Bauern mit den kräftigen Händen von Männern, die Stiere bändigen können, wenn sie wild werden.

Ernährungswirtschaft kontra Genuss

Das sind Berliner Beobachtungen, die für die Leser zu Hause vielleicht nicht wirklich relevant sind, aber in der Zeitreise setzen sie sich zu einem lebendigen und informativen Puzzle der Trends in der Agrarwelt zusammen. Berlin mag nicht der Nabel der Genusswelt und des guten kulinarischen Geschmacks sein, aber die Grüne Woche findet eben seit Jahrzehnten in dieser Stadt statt und hat sich in der globalen Szene etabliert. Auch die Wortwahl der Messemanager mutet manchmal genussfern an, wenn etwa auf jeder Halle groß geschrieben steht, dass hier die „Ernährungswirtschaft" eines bestimmten Landes zu erleben sei. Ernährungswirtschaft – dieses Wort ist so weit entfernt von Freude und Genuss, die Speis und Trank bereiten können, wie manche Hervorbringungen deutscher Lebensmittelhersteller.

Doch die Zeiten wandeln sich rasant, auch in den deutschen Wurst- und Fleischtheken, mehr aber noch in der osteuropäischen Lebensmittelbranche. Diese Entwicklung konnte ich in Berlin über einen großen

Zeitraum verfolgen. Die Grüne Woche zeigt, wie viel sich auf Tisch und Teller gewandelt hat, seit der Kommunismus mit seiner Genuss verachtenden und Freude tötenden politischen Praxis überwunden wurde. Anfang der Neunzigerjahre des 20. Jahrhunderts zeichneten sich die Messekojen etwa Polens auf der Grünen Woche durch Pyramiden trüber 2-Liter-Gläser mit eingelegten Gurken aus. Es war klar ersichtlich, dass die Agrarwirtschaft unter dem Kommunismus die Menschen satt machen konnte. Aber bis auf ein paar Dosen Kaviar fehlte dem Angebot der osteuropäischen Länder jede kulinarische Raffinesse. In den Kojen standen schlecht rasierte Männer, die missmutig das Treiben um sie herum verfolgten, das es unter dem kommunistischen Regime nicht gegeben hätte. Zaghaft fingen freundliche Polinnen oder Tschechinnen immerhin an, es ihren Geschlechtsgenossinnen auf den Messeständen anderer Hallen gleichzutun, und teilten fetttriefende Würste in kleine Happen, die sie den Besuchern auf kleinen Brotstücken anboten. Nur die Ungarn wussten auf der Grünen Woche schon früh, wie man sich bei den Besuchern beliebt macht. Mit Gulyás in kleinen Schalen, Tokajerwein in Plastikbechern und mit Csardasklängen angeblicher Zigeunerkapellen vermittelten sie als einziger Staat des früheren Ostblocks das Bild eines gastfreundlichen Landes.

Ich gebe zu, dass mich die Atmosphäre in Berlin und mehr noch die Gelegenheit, die Veränderungen auf dem Sektor Essen und Trinken zu erleben, sehr einnimmt. Als Journalist, der seit langer Zeit mit allen möglichen Wirtschaftskrisen befasst ist, der den alltäglichen Parteienzank erlebt, den menschenverachtenden Populismus der extremen Rechten und Linken verarbeiten muss, die Lethargie gegenüber der ständig steigenden Arbeitslosigkeit sieht und schließlich wahrnimmt, dass der Friede selbst in Europa keine Selbstverständlichkeit ist, empfand ich es als geradezu befreiend, die Grüne Woche in Berlin und ihr Umfeld zu erleben. Was ich dort an positiver Veränderung erlebte, erinnert mich ein wenig an die Euphorie, die viele Europäer 1989 empfanden, als der Eiserne Vorhang in Ungarn zerschnitten wurde und später die Berliner Mauer fiel.

Das Gleiten aus der Mitte der Gesellschaft

In der Berichterstattung der heutigen Medien dominieren die urbanen Themen, Journalismus findet gewissermaßen in den Städten statt. Was draußen auf dem Land in der Landwirtschaft passiert, stößt meist nur dann auf Interesse, wenn es sich um einen sogenannten Lebensmittelskandal handelt oder wenn es Weinprämierungen mit prominenten Verkostern gibt. Es ist wahrscheinlich ein Teil meines Gerechtigkeitsempfindens, dass ich als Agrarjournalist der *Kleinen Zeitung* diese Schieflage etwas korrigieren wollte.

Dabei steht für mich keineswegs im Vordergrund, den Bauern und Landwirten schönzutun. Das war nie mein Motiv, weil es den journalistischen Prinzipien widerspricht, und es hätten aus demselben Grund meine Chefs selbstverständlich nicht zugelassen. In den vielen Jahren im Umgang mit den verschiedensten Entwicklungen in unserem Land ist mir aber klar geworden, dass die Landwirtschaft und ihre Menschen wie unsichtbar, aber unaufhaltsam aus der Mitte der Gesellschaft gleiten. In vielen Diskussionen habe ich die Klagen der Bauern gehört, dass ihre Lage und ihre Probleme in der Allgemeinheit kaum noch jemand interessierten und dass das ihre Existenz gefährde.

Land der Hände

Das ist es, was mich seit Jahren antreibt, wenigstens die Leser der *Kleinen Zeitung* einzuladen, das wahrzunehmen, was in der Landwirtschaft vor sich geht. Die Art von Agrarwirtschaft, die wir in Österreich und in einigen angrenzenden Regionen des Alpenbogens haben, ist auf der Welt ziemlich einzigartig. Es sind überwiegend bäuerliche Familien, die Lebensmittelproduktion, Landschaftspflege, die Sicherung von Lebensgrundlagen und die Pflege einer bedrohten ländlichen Kultur sicherstellen. Ich habe vor bald 20 Jahren ein Büchlein über die österreichische Landwirtschaft geschrieben und ihm den Titel „Land der Hände" gegeben. Der sollte darauf hinweisen, dass jeder einzelne Quadratmeter der Wiesen, Äcker und Wälder von den Bauern tatsächlich mit den Händen bewirtschaftet wird. Heutzutage packen diese Hände weniger die Sense, den Rechen oder die Mistgabel, sondern ins Lenkrad des Traktors, sie streichen über die Tasten des Computers oder bedienen hoch entwickelte Apparaturen, die wichtig für die Lebensmittelqualität sind.

Natürlich muss ich an dieser Stelle eine Einschränkung machen. In der öffentlichen Wahrnehmung gelten die Bauern mit einer gewissen Berechtigung als eine Gruppe, die vorwiegend jammert. Der Erlös aus dem Milchverkauf ist zu niedrig, der Winter ist zu warm, die Trockenheit ist zu groß, die EU-Agrarpolitik ist zu bürokratisch und die Konsumenten sind beim Kauf der Lebensmittel zu wenig patriotisch. Und das erhebliche Ausmaß der Zahlungen von EU, Bund und Ländern wird gern kleingeredet. An diesem Bild arbeiten die Bauern durchaus ausdauernd. Auch sind sie eine Gruppe, die sich lieber als Opfer widriger Umstände definiert statt als Gestalter der Faktoren, die sie betreffen.

Das Auf und Ab der Natur

Allerdings unterscheidet ein Umstand die Landwirte gravierend von den meisten anderen gesellschaftlichen Gruppen. Sie erleben sehr häufig und sehr ausgeprägt ein Auf und Ab der Märkte und der natürlichen Bedingungen. Es gab und gibt wirklich Entwicklungen, die bäuerliche Existenzen auf eine Weise bedrohen, die anderen Teilen der Gesellschaft unbekannt sind. Dazu gehören Überproduktion, die auf die Preise drückt, Missernten, welche die bäuerlichen Einkommen schmälern, sogenannte Lebensmittelskandale, aber auch ein Mangel an Unternehmergeist der agrarischen Produzenten und ihrer Genossenschaften. Interessant ist allerdings ein durchaus selektives Mitteilungsverhalten. Wenn der Schweinepreis für die Bauern schlecht ist, hat mir das Josef Kowald immer mit großer Sorge und präzisen Worten mitgeteilt. Kowald, ein herzhafter Bauer und gewiefter Funktionär und einer meiner wichtigsten Informanten in landwirtschaftlichen Angelegenheiten, hat mich aber nie angerufen, wenn der Schweinepreis einmal günstig war.

Ich habe weiter vorne die heimische Landwirtschaft so charakterisiert, dass es überwiegend bäuerliche Familien sind, die Lebensmittelproduktion, Landschaftspflege, die Sicherung von Lebensgrundlagen und die Pflege einer bedrohten ländlichen Kultur sicherstellen. Wer das mit Skepsis gelesen hat, sei darauf hingewiesen, dass dieser Satz das Wörtchen „überwiegend" enthält. Es hat sich in den letzten Jahren nämlich eine breite Bewegung herausgebildet, die der Landwirtschaft pauschal kritisch gegenübersteht. Ganz ohne Auseinandersetzung mit dem Alltag vernadert sie Bauernhöfe als „Agrarindustrien", „Naturzerstörer" oder „Massentierhaltung". In der Diktion der Ökogruppen gibt es kein „überwiegend", sondern nur totale Ablehnung.

Greenpeace hat noch keinen satt gemacht

Die Öffentlichkeit hat in die konkrete Landwirtschaft so wenig Einblick wie in andere hoch spezialisierte Sektoren. Sie wird von den Argumenten dieser Gruppierungen im besten Fall verunsichert und im schlechtesten Fall in die Irre geführt. In der öffentlichen Wahrnehmung definieren zunehmend diese Gruppen das, was Landwirtschaft in unseren Breiten ist. Dabei haben sie gewissermaßen noch nie jemanden durch die Erzeugung von Lebensmitteln satt gemacht und noch keinen Quadratmeter Kulturlandschaft gepflegt. Aber im Mainstream der öffentlichen Meinung, den die Ökogruppen geschickt steuern, spielt das keine Rolle.

Der langjährige oberste Vertreter der Bauern in Österreich, der Steirer Gerhard Wlodkowski, ist ein verständiger und nüchterner Mann. Er kennt wie viele bäuerliche Frauen und Männer die Probleme, die natürlich vorhanden sind, und die schwarzen Schafe unter den Landwirten, die es zweifelsfrei gibt. Gegenüber der *Kleinen Zeitung* sprach er einmal eine ernste Mahnung aus: „Es ist nicht selbstverständlich, dass wir in Österreich diese Art von Landwirtschaft haben." Natürlich sind es nicht mehr die Bauern, die das Volk ernähren, wie es einst dargestellt wurde. Die Menschen in der Steiermark und in Österreich werden auch dann satt und übergewichtig, gäbe es keine Landwirtschaft mehr. Die Globalisierung bringt uns zu jeder Jahreszeit das, was unsere Zunge und unser Magen begehren, und noch dazu viel billiger als die meisten Erzeugnisse der heimischen Landwirte. Aus diesem Grund braucht die moderne Gesellschaft also das nicht mehr, was man einst den Bauernstand genannt hat. Und aus diesem Grund kommt die Landwirtschaft nur noch dann in den Medien vor, wenn es um Krisen, Katastrophen, Skandale oder den Jungbauernkalender geht.

Was der Mainstream akzeptiert

Es fällt mir schwer, zu akzeptieren, dass der Mainstream der Gesellschaft eine Gruppe einfach links liegen lässt, weil sie deren Tätigkeit – nämlich die Erzeugung von Lebensmitteln – einfach durch Importe substituieren kann. Das bringe ich in meinen Berichten über die Landwirtschaft immer wieder zum Ausdruck. Mir ist klar, dass das eine der unbewussten

Haltungen der modernen Gesellschaft ist, sich wenig für das zu interessieren, was an ihren Rändern geschieht, solange es irgendwie ersetzbar ist. Wir bringen Schuhe längst nicht mehr zum Schuster, wenn sie schadhaft sind, sondern werfen sie weg. Wir lassen Risse in der Kleidung nicht mehr ausbessern, sondern bringen das betreffende Stück bestenfalls zur Altkleidersammlung.

Natürlich findet das Schustergewerbe den Weg in die mediale Berichterstattung, wenn es um die Maßschuhe eines Prominenten geht. Selbstverständlich gibt es im öffentlichen Bewusstsein Meister des Fadens und des Zwirns im Zusammenhang mit der Mode im Showbusiness. Und klarerweise spielen Edelwinzer und Bauern, die sich auf Bio-Delikatessen spezialisieren, auf den Gastroseiten der Gazetten eine Rolle. Aber Bauern, die tüchtig, redlich und naturnah Milchkühe halten, Schweine züchten, Getreide ernten? Das interessiert doch keinen Menschen.

Mir ist bewusst, dass ich mich mit solchen Beobachtungen nicht überall beliebt mache. Es ist nicht einfach, in der *Kleinen Zeitung* solche Themen zu platzieren, obwohl diese Zeitung in Kärnten und der Steiermark eine große Zahl von Lesern aus dem bäuerlichen Milieu und in den ländlichen Regionen hat. Was mich dennoch antreibt, will ich gerne erläutern. Erstens bin ich überzeugt, dass unsere Gesellschaft die Landwirtschaft braucht, etwa in Krisenfällen oder wenn die Menschen der Einheitslebensmittel aus den Supermärkten überdrüssig werden und so etwas wie Sehnsucht nach Produkten mit regionalem Charakter entwickeln. Zweitens ist die Landwirtschaft mit ihren

Menschen viel mehr als eine Produktionsgemeinschaft für billige Ernährung. Drittens können nur die Bauern die Kulturlandschaft, die viele erfreut und viele Existenzen etwa im Fremdenverkehr sichert, erhalten und pflegen. Es ist schlicht das Land, das ihnen gehört, und die Gesellschaft wird sich nie Landschaftsgärtner im entsprechenden Ausmaß leisten können. Viertens stirbt die bäuerliche Lebenskultur – oder das, was von ihr übrig geblieben ist – einfach weg, wenn es sie nur noch in Heimatkundemuseen zu betrachten gibt. Und fünftens habe ich unter den Bauern so wunderbare Persönlichkeiten kennengelernt wie sonst nur ganz selten.

Bäuerliche Originale

Die Bauern und ihre Vertreter sind für mich eine Gruppe, bei der es sich besonders lohnt, Distanz zu überwinden. Ich habe bei ihnen fast nie Durchschnittstypen erlebt, sondern fast nur erstaunliche Originale, viele nicht nur mit Kompetenz, sondern auch mit Lebensstil und Witz. Natürlich spielt ihre Sprache eine Rolle. Die bäuerlichen Dialekte lockern harte Debatten manchmal auf wundersame Weise auf. Das gilt für etliche Bauern und ihre Funktionäre, die ihre Sprache auch als wirksames Instrument einsetzen. So etwa für den früheren steirischen Landesrat Erich Pöltl, für Kammerpräsident Gerhard Wlodkowski, für den schon erwähnten Josef Kowald, für den Obersteirer Fritz Grillitsch, für den Pionier der Ökoenergie, Franz Totter, oder für Manfred Hohensinner, einst ein Kleinbauer in Pöllau, der den Landwirten als erfolgreicher Unternehmer zur Seite steht.

Leute wie sie können ihre Anliegen auf besonders eindringliche Art vorbringen.

Auch der langjährige oberste Agrarier Europas, EU-Kommissar Franz Fischler, entspricht diesem Bild. Bei ihm kam noch die Überlegenheit seines Intellekts und seines Amtes hinzu. Als er nach Brüssel ging, haben viele heimische Bauernvertreter gedacht, Fischler werde dort eine Kopie der österreichischen Landwirtschaftspolitik umsetzen und sie müssten sich nur noch zurücklehnen. Dementsprechend groß war die Verwunderung über Fischlers europäische Programme. In vielen Diskussionen habe ich den EU-Kommissar als klugen und leidenschaftlichen Kämpfer für die Anliegen erlebt, die er vertrat. Speziell ein kleiner Kreis von österreichischen Agrarfunktionären setzte ihm regelmäßig zu. In einem Interview für die *Kleine Zeitung* hat er ihren Mangel an Reformbereitschaft gerügt: „Sie glauben, das Beste, was sie politisch tun können, ist den Status quo zu verteidigen."

Der Charme der Widersprüchlichkeit

Der Charakter vieler Bauern lebt in meinen Augen generell von einer gewissen Widersprüchlichkeit, die zugleich ihren Charme ausmacht. Einerseits sind die Landwirte besonders selbstbewusste Leute, andererseits fühlen sie sich in einer starken Abhängigkeit von politischen Gruppen und öffentlichen Zahlungen wohl. So spricht jeder Landwirt ganz selbstverständlich und mit Stolz von seinem Betrieb, aber als vollwertiger Unternehmer will er nicht gerne wahrgenommen werden. Etwa, wenn damit Pflichten wie Steuerzahlen und Buchführung verbunden sind.

Die Landwirtschaft kann den Wandel der Gesellschaft nur teilweise mitmachen, weil sich Grund und Boden, Witterung, Topografie, Tradition, eine tiefe heimatliche Verwurzelung und natürlich etwas Eigensinn dem entgegenstellen. Bauern sind die Einzigen, die aus ihrem Boden durch ständige Arbeit Ertrag holen. In kleinräumigen Ländern wie Österreich tun sie das mitten im Lebensraum vieler Menschen, die sich vielleicht am morgendlichen Lärm des Traktors oder am Geruch stoßen, der aus dem Viehstall dringt. Echte nachhaltige Harmonie zwischen Bauern und Nichtbauern ist immer öfter eher die Ausnahme als die Regel.

Genau diese Widersprüchlichkeit im Dasein der meisten Landwirte ist für meine Arbeit besonders interessant. Dazu kommt eine wichtige Eigenart, die in dieser Form selten anzutreffen ist, nämlich die oft sehr enge und emotionale Beziehung der Bauern zu ihrer Arbeit. Ich kenne viele Landwirte in der Steiermark, die für ihren Beruf geradezu brennen, in denen gewissermaßen ein helles Feuer der Begeisterung lodert. Solche Menschen arbeiten nicht nur im Stall und auf dem Acker, sondern auch an sich. Das habe ich nicht nur bemerkt, wenn ich in den Abendstunden die hell erleuchteten Fenster der ländlichen Bildungsinstitutionen gesehen habe.

Stur und flexibel

Die Bauern in Regionen wie der Steiermark sind zu einem großen Teil nicht nur tüchtige Fachleute oder interessante Typen. Die meisten von ihnen zeichnet auch ein Mut zur Veränderung und eine Anpassungsfähigkeit aus, die man bei ihnen eigentlich nicht vermutet. Bauern gelten doch oft als eher stur. Aber der technische und biologische Fortschritt und gesellschaftliche oder wirtschaftliche Veränderungen zwingen sie, bei der Züchtung der Pflanzen, bei der Aufzucht des Viehs, bei der Wahl der Hilfsmittel oder beim Verkauf ihrer Erzeugnisse stets wach für Innovationen zu sein. Seit die Konsumenten jede Art von Lebensmitteln dank billiger Transportwege jederzeit haben können, stehen die heimischen Landwirte unter einem noch nie erlebten Konkurrenzdruck, auf den sie praktisch keinen Einfluss haben. Und weil die meisten ihre Betriebe in unmittelbarer Nähe zu den nicht bäuerlichen Nachbarn haben, stehen sie mit ihrer Arbeit gewissermaßen auch noch unter ständiger Beobachtung.

Solche Herausforderungen bedeuten einen ziemlichen Stress, und ich habe erlebt, dass die meisten Bauern damit alles in allem erstaunlich gut zurechtkommen. Natürlich ist der ständige Veränderungsdruck nicht einfach, und zwar gerade bei einer Gruppe, die von außen als traditionsverwurzelt bis starrköpfig angesehen wird. Aber die Offenheit für Veränderung ist eine durchaus alte Tradition. Schon vor Jahrzehnten mussten Bauern in manchen Gegenden erkennen, dass sie bald mit ihrem Latein am Ende sein würden. Daran erinnern sogenannte Umstellungsgemeinschaften. Der Name so einer bäuerlichen Vereinigung erinnert daran, dass sich hier vor Jahrzehnten unter großem Veränderungsdruck Landwirte etwa eines Gebirgstales zusammengetan haben, um in ihren eigenen Betrieben etwas zu verändern. Nämlich die Produktion „umzustellen", damit sie im Rahmen des allgemeinen Wandels ihre eigene Zukunft bewältigen können.

Für diese Bereitschaft zur Veränderung gerade in bäuerlichen Krisen empfinde ich Respekt. Denn ich habe als Berichterstatter so manche Entwicklung begleitet, welche die Menschen zu Veränderungen genötigt haben. Da lernte ich Gruppen kennen, die sich erstaunlich hartnäckig gegen jeden Wandel gewehrt haben.

Sympathie und Objektivität

Solche Begegnungen lassen ein aufmerksames Journalistenherz höherschlagen. Ich habe aus meiner persönlichen Sympathie für die Bauern nie ein Hehl gemacht, aber auch immer darauf geachtet, dass ich allen meinen Lesern verantwortlich bin. Distanzlose positive Berichte in der Zeitung würden den Bauern nicht helfen, weil die Masse der anderen Leser das durchschauen würde. Das hätte sie erst recht kritisch gegenüber der Landwirtschaft gemacht. Als Berichterstatter kann ich für die bäuerlichen Anliegen nur auf eine Art nützlich sein. Meine Arbeit muss erreichen, dass möglichst alle Leser – und noch besser die ganze Öffentlichkeit – ihre Probleme verstehen und am Leben der Bauern Anteil nehmen.

Entfremdung zwischen Stadt und Land

Als gelernter Beobachter verfolge ich auch eine weitere Entwicklung, welche die bäuerlichen Menschen schwer trifft. Das moderne Leben verläuft in den Städten und auf dem Land auf sehr unterschiedliche Weise. Weil sie auf die Bauern als „Ernährer" immer weniger angewiesen sind, hat sich das Verhältnis der Städter zu den Landbewohnern auseinanderentwickelt. Es ist sogar so etwas wie eine Entfremdung eingetreten, weil die Mehrheit der Bürger die Bauern als etwas Exotisches, aus der Zeit Gefallenes zu sehen scheint. Kein Mensch macht sich Gedanken, dass Energiegetränke trotz der Inhaltsstoffe, die qualitativ durchaus zweifelhaft sind, pro Liter um das x-Fache teurer sind als die nachweislich hochwertige und aufwendig erzeugte Milch. Die gleichen Konsumenten, die bei Tiernahrung nicht auf den Preis achten, erregen sich regelmäßig, wenn Joghurt oder Butter etwas teurer werden. Viele Kinder wissen nicht mehr, woher die Pommes frites kommen oder die Milch, weil ihnen die Großmütter nicht mehr vom Leben auf den Bauernhöfen erzählen können.

Viele Bauern fühlen sich in der modernen Gesellschaft unverstanden. Tatsächlich fehlt in der stets berechenbaren und geradlinig verlaufenden urbanen Welt das Verstehen für die Belange der Bauern, die in ihren Augen geradezu bizarr geworden sind. Hochwasser, Förderungen, Missernten, Tierschutz, Trockenheit, Spritzmittel und vieles andere scheinen die Allgemeinheit zu überfordern. Sie reagiert darauf nicht mit Ablehnung, aber mit Unverständnis.

„Wir werden nicht verstanden, das ist halt so." Immer wieder höre ich bei Landwirten diesen resignierenden Satz. Verbissen versuchen sie, noch besser zu arbeiten, aber sie erkennen nicht, dass das unbefriedigende Verhältnis nichts mit ihrer Tätigkeit zu tun hat. Die Gleichgültigkeit der Gesellschaft gegenüber den Bauern ist ein Problem der Kommunikation, nicht der Produktion. Nach einem von vielen Gesprächen entwickelte ich eine Formel, wie die Landwirte das Problem angehen müssten: „Wer verstanden werden will, muss sich verständlich machen." Denn es gibt durchaus Beispiele erfolgreicher Kommunikation in der Landwirtschaft. Auf den Bauernmärkten in den Städten und beim Ab-Hof-Verkauf gibt es seit jeher das Gespräch, das Stadt und Land zusammenführt. Nur wer maulfaul ist, verkauft nicht viel und kann auf keine Sympathie der Allgemeinheit rechnen.

Nebenrolle als Gastgeber: 2011 im Steirischen Presseclub mit Diözesanbischof Egon Kapellari.

Der ganze Mensch Johannes K.

Wenn ich morgens mit der Arbeit für die *Kleine Zeitung* beginne, gebe ich mein Privatleben nicht beim Portier ab. Ich habe mich in der Redaktion nie nur als Fachredakteur eingebracht, sondern immer als ganzer Mensch, also auch mit meinem privaten Umfeld als Ehemann, Vater und Bürger. Dazu gehört auch ehrenamtliches Engagement, und außerdem ist mir mein weltanschauliches Fundament wichtig. Selbstverständlich darf diese private Komponente meine berufliche Tätigkeit nicht auf fragwürdige Weise beeinflussen.

Meine familiäre Situation ist für einen Journalisten der heutigen Zeit eher ungewöhnlich. Ich bin mit meiner Belli, die ich über alles liebe, verheiratet, und wir haben vier Söhne. Töchter sind uns leider keine gelungen. Meine Frau hat für die Familie für viele Jahre ihren Beruf aufgegeben und den allergrößten Teil des Zusammenlebens gestaltet, weil mein Beruf nicht gerade als familienfreundlich gelten kann. Dennoch – oder gerade deshalb – glaube ich, dass ich mit beiden Beinen auf dem Boden geblieben bin. Vier Kinder sind ein großes Glück und in jeder Hinsicht eine Herausforderung. Auch wenn man sie meist nur in der Früh und abends sieht und viele Wochenenden nicht mit der Familie, sondern mit Arbeit verbringt. So eine ziemlich große Familie ist natürlich auch eine sehr beglückende Aufgabe, die nicht ohne Einfluss auf die Arbeit bleiben kann.

Ein Unternehmerkind

Es mag meine Arbeit beeinflusst haben, dass ich ein Unternehmerkind bin. Mein Vater war als Juwelier und Goldschmied ein kleiner Unternehmer, meine Mutter stand viele Jahre im Geschäft in der Grazer Sporgasse. Von Kindheit an gehörte der berufliche Hintergrund meines Elternhauses zum Alltag in der Familie mit fünf Kindern. Gespräche über „das Geschäft" prägten das Zusammensein zu Hause. Sie waren selbst für mich als Kind nicht immer uninteressant, weil meine Eltern einen Beruf hatten, der bemerkenswert war und den sie mit Leidenschaft ausübten. Fast täglich gab es Gespräche über Kunden, Geschäftspartner, Mode, Schmuckstücke, Probleme und Erfolge.

Auch die Sorgen der kleinen Unternehmer wurden mir bewusst. Ich sehe meinen Vater, den ich ohnehin fast nie gesund erlebt habe, wie er in den Wochen vor Weihnachten selten vor zehn Uhr abends von der Werkstatt nach Haus kam und die Feiertage fast nur erschöpft und um Ruhe bittend verbrachte. Das Weihnachtsgeschäft steuerte in wenigen Wochen den Großteil des Jahresumsatzes bei und war unverzichtbar in dieser Branche. Wenn allmonatlich die Tage nahten, an denen diverse Steuern und Abgaben fällig waren, stieg die Nervosität zu Hause spürbar an.

Das Kind einer Unternehmerfamilie zu sein bot mir viele Einblicke. In der Schule wurde man fast automatisch zu „den Reichen" gezählt. Ich empfand das als ungerechtfertigt und ungerecht, weil die Umstände zu Hause mir schon früh klar gemacht hatten, wie schwierig es für meine Eltern war, fünf Kinder zu ernähren und zu versorgen. Als einer meiner Brüder einmal in der Schule wieder auf unseren angeblichen Reichtum angesprochen wurde, weil der Vater doch Goldschmied sei, fiel ihm eine erstaunliche Antwort ein: „Wir sind fünf Kinder, und Gold kann man nicht essen." Das wurde dann in der Familie zu einem geflügelten Wort.

Als Wirtschaftsredakteur der *Kleinen Zeitung* war ich naturgemäß eher mit dem Schicksal größerer Unternehmen befasst, aber ich versuchte auch, die Welt der kleinen Firmen, die ihren Kunden sehr nah sind, meinen Lesern nahezubringen.

Ein Aristokratenkind

Zum Lebensumfeld als Kind und junger Mann gehört auch, dass meine Eltern noch in der alten österreichisch-ungarischen Monarchie als Adelige zur Welt gekommen waren. In ihrem Taufschein heißt meine Mutter Marguerite Gräfin Benigni in Mueldenberg, sie ist Anfang 1918 geboren. Mein 1977 verstorbener Vater kam 1911 als Johann Freiherr Kübeck von Kübau zur Welt. Ich will mich wegen meiner Vorfahren nicht wichtig machen, aber doch festhalten, dass meine vier Urgroßväter bemerkenswerte Männer waren. Louis Baron Kübeck (1819–1873) war ein Spitzendiplomat der alten Monarchie. Auch sein Bruder Guido (1829–1907) absolvierte erst als Landespräsident Kärntens und dann als Statthalter des Kaisers in der Steiermark eine beachtliche Karriere. Er wird engen dienstlichen Kontakt mit einem anderen meiner Urgroßväter gehabt haben. Ladislaus Gundacker Graf Wurmbrand-Stuppach (1830–1901) war Landeshauptmann der Steiermark und später Handelsminister. Rudolf Baron Mayr-Melnhof (1860–1912) saß als Unternehmer und Großgrundbesitzer ungefähr zu dieser Zeit als Abgeordneter im steirischen Landtag. Mein vierter Urgroßvater, Siegmund Graf Benigni (1855–1922), hatte nichts mit steirischer Politik und Verwaltung zu tun. Er brachte es als Offizier bis zum hohen Rang des Feldzeugmeisters.

Die Zeiten der Aristokratie sind lange vorbei, ich bekam in meinem Elternhaus aber noch eine Ahnung davon. Besuche auf verschiedenen Schlössern waren manchmal fad, manchmal lustig, haben mich aber nicht wirklich beeindruckt. Umso mehr die sogenannten Tanten, die häufig in unserer großen Wohnung in Graz auftauchten. Sie schwelgten in Erinnerungen, bei denen die versunkene Welt des Adels eine große Rolle spielte. Um der Wahrheit die Ehre zu geben, muss ich hier sagen, dass diese Baroninnen und Gräfinnen vom Glück arg benachteiligte Personen waren. Aufgewachsen vor dem Zweiten Weltkrieg als Töchter wohlhabender Schlossbesitzer in der damaligen Tschechoslowakei oder in Ungarn und von wenig vorteilhaftem Aussehen, wurden ihre Familien von den Kommunisten enteignet und vertrieben. Das Schicksal hat diese „Tanten" nach dem Krieg irgendwie nach Graz verschlagen. Hier waren sie in einer schwierigen Zeit und fast ohne praktische Fähigkeiten plötzlich gezwungen, sich auf irgendeine Weise eine Existenz aufzubauen. Wenn sie der harten Wirklichkeit im Salon meiner Eltern kurz in die Erinnerung an bessere Zeiten entfliehen konnten, waren sie in ihrem Element. Kinder wie ich saßen interessiert, aber oft auch ratlos daneben, wenn sie von ihrem früheren Leben erzählten oder wenn ganze Stammbäume aus dem Gedächtnis zitiert und diskutiert wurden. Was mir von diesen Zeiten geblieben ist und was für mich als Journalist wichtig wurde, ist die Fähigkeit, aufmerksam zuzuhören und ungewöhnliche Themen zu erfassen.

Die schöne Tante Irmi

In diesem Umfeld kam ich mit ziemlich interessanten Lebensläufen in Berührung. Eine Jugendfreundin meines Vaters, Maria Anna Gräfin Chorinsky, die für uns Kinder die „Tante Irmi" war, hatte vor dem Zweiten Weltkrieg den ungarischen Außenminister Istvan Graf Csaky geheiratet. Der wurde im Auftrag der Nazis 1941 ermordet, seine völlig unpolitische Witwe von den nazitreuen ungarischen Behörden ins Gefängnis geworfen. Dann kamen die Kommunisten an die Macht, und aus der Nazihaft Tante Irmis wurde schwere KP-Zwangsarbeit. Als sie Jahre später wieder frei war, verbrachte sie einige Zeit in Budapest, worüber der ungarische Autor Peter (Graf) Esterhazy in seinem großartigen Buch „Harmonia Caelestis" berichtet. Sie blieb dem Autor als die „schöne Tante Irmi" in Erinnerung. Endlich durfte sie nach Österreich auswandern. Meine Eltern und andere Freunde halfen ihr, in Graz eine neue Existenz aufzubauen, sie wohnte einige Jahre in unserem Haus. So wie sie ein paar Jahre zuvor in Budapest auf Peter Esterhazy und seine Geschwister aufgepasst hatte, betreute Tante Irmi manchmal meinen jüngeren Bruder Louis und mich nachmittags, während meine Eltern in ihrem Geschäft waren. Ich habe sie, die so ein hartes Schicksal hatte und schon als junge Frau weiße Haare bekam, immer nur als fröhliche Tante Irmi in Erinnerung.

Selbstverständlich hat die aristokratische Vergangenheit der Familie in meinem Berufsleben keine Rolle gespielt, ich habe sie nie auf unpassende Weise hervorgehoben. Es war für die Redaktion aber manchmal durchaus vorteilhaft, dass es da einen mit Kenntnissen in Sachen Aristokratie gab, der als Auskunftsperson, Ezzesgeber oder als Berichterstatter infrage kam.

Bei den Maltesern

Auch meine Mitarbeit bei den Maltesern habe ich nicht an die große Glocke gehängt. Der Malteser Hospitaldienst ist vorwiegend in der Behindertenbetreuung tätig und eine Teilorganisation des Malteser-Ritterordens. Er ist einer der ältesten Orden der katholischen Kirche, besteht seit der Zeit der Kreuzzüge und hat sich zu einer internationalen Hilfsorganisation entwickelt, die sich besonders in Krisenregionen bewährt. Mir gelang mit Gleichgesinnten ab 1978 der Aufbau des Hospitaldienstes in der Steiermark zu einer nennenswerten Größenordnung. Ende November 1980 bewegte ein schreckliches Erdbeben in Süditalien die Öffentlichkeit sehr. Die Auswirkungen waren verheerend, zudem war die Erinnerung an ein Erdbeben 1976 im Friaul nahe der Grenze zu Kärnten noch wach. Uns Maltesern war klar, dass wir einen sinnvollen Hilfsbeitrag leisten wollten. Ende November war das Wetter auch in Süditalien scheußlich, und es war keine Frage, dass die Menschen, die ihre Häuser verloren hatten, sehr unter der Kälte litten. Uns kam die Idee, Kleidungsstücke zu sammeln und irgendwie ins Erdbebengebiet zu schaffen. In unserem kleinen Malteser-Büro in Graz bereiteten wir uns vor, die erhofften Kleidungsspenden entgegenzunehmen. Aber wie die Öffentlichkeit darauf aufmerksam machen? Mein schüchterner Vorschlag, ein paar Zeilen in der *Kleinen Zeitung* zu bringen, verhallte ungehört. Bei der „Südost Tagespost" traf ich auf mehr Verständnis.

Zwei Waggons mit Kleiderspenden

Das Ergebnis war im wahrsten Sinn des Wortes überwältigend. Es gab damals noch keine Altkleidersammlung, wie wir sie heute kennen, und deshalb fand die kleine Notiz in der Zeitung einen enormen Widerhall. Wahrscheinlich kamen Spendenbereitschaft einerseits und die unverhoffte Möglichkeit andererseits zusammen, die Kleiderschränke von alten Beständen zu entlasten. Die Grazer rannten den Maltesern richtiggehend die Tür ein und brachten uns geeignete und weniger geeignete Kleidungsstücke zuhauf. Durch die Verbindungen, die ich privat und durch die Arbeit bei der *Kleinen Zeitung* hatte, gelang es mir, binnen weniger Stunden und Tage Lagerraum und Transportkapazitäten in Graz aufzutreiben. Zuerst lagerten wir die Kleiderberge in den Garagen und Kellern befreundeter Familien. Dann konnten wir die Lkw-Garagen der Wirtschaftskammer in Graz nutzen. Die Klein-Lkw der Kammer wurden die Transportmittel der Malteser-Aktion. Letzten Endes hatten wir in wenigen Tagen so viele Kleidungsstücke beisammen, dass für den Transport zwei Eisenbahnwaggons und einige Lkw erforderlich waren.

Diese Lkw – samt Fahrer! – haben einige Unternehmer bereitgestellt. Die Fahrzeuge wurden in einen Hilfskonvoi eingegliedert, der Richtung Süditalien abfuhr. Mit den Bahnwaggons war es komplizierter. Die Österreichischen Bundesbahnen (ÖBB) waren im Auftrag der Regierung und der Hilfsorganisationen tätig und organisierten Züge mit Hilfsmaterial für das Erdbebengebiet. So wurden für uns Grazer Malteser zwei Güterwaggons für einen Samstagmorgen zur Verfügung gestellt. Gleich in der Früh fuhr ich zum Hauptbahnhof, um zu sehen, wo die Fahrzeuge sind und wie wir unsere Kleiderberge am besten dorthin bringen könnten. Aber die Waggons standen weit draußen auf einem Gleis, es gab keine Möglichkeit, mit Fahrzeugen hinzukommen. Also hin zur Fahrdienstleitung:

Bitte, stellt diese Waggons an einen Platz, wo wir sie beladen können! Das gehe nicht, wurde ich belehrt, weil dazu brauche man eine Lokomotive, und eine Lokomotive müsse „bestellt" werden. Das bedeute beträchtliche bürokratische Formalitäten, die an einem Samstag schon gar nicht möglich seien.

Da half mir meine mittlerweile dreijährige Erfahrung als Wirtschaftsredakteur der *Kleinen Zeitung*. Die ÖBB-Zentrale in Wien ist, wie ich wusste, rund um die Uhr erreichbar. Und ich hatte in der Redaktion eine dieser sehr geheimen Telefonnummern, die mir weiterhelfen konnten. In der ÖBB-Generaldirektion – bahnintern „GD" genannt – konnte ich mich an diesem Samstagvormittag Anfang Dezember zum Glück gleich verständlich machen. Ich fuhr zurück zum Bahnhof und fand die Beamten in der Fahrdienstleitung völlig perplex vor: „Die GD hat eine Lok bestellt", sagte einer nur staunend. Die Kleiderlieferung der steirischen Malteser für die Erdbebenopfer in Süditalien war gerettet. Nicht nur durch den Einsatz meiner Freunde, sondern auch dadurch, dass es eben eine Rolle spielen kann, hinter sich die Leserschaft der *Kleinen Zeitung* zu spüren.

Eine Garantie über 100.000 Schilling

Die Hilfe für Süditalien war damit noch nicht beendet. Ich erfuhr von der Möglichkeit, an eine beträchtliche Anzahl von Zelten heranzukommen, die als Notunterkünfte für die obdachlos gewordenen Erdbebenopfer willkommen waren. Das Grazer Unternehmen Sattler AG erzeugte eigentlich Markisen, aber eben auch Zelte und namentlich Mannschaftszelte für solche und ähnliche Zwecke.

Gerade war ein Posten derartiger Zelte fertiggestellt. Ich kannte von der *Kleinen Zeitung* her den Chef des Unternehmens, Friedrich Pfohl, ganz gut, und auf meine Anfrage wurde mir erklärt, die Malteser könnten die Zelte haben. Es sei klar, dass es sich hier um einen Notfall handle und dass die Zelte nicht von den Maltesern bezahlt werden müssen, weil später die Bundesregierung dafür aufkommen werde. Aber eine Bankgarantie von 100.000 Schilling sei eben üblich. Auch weil das Rote Kreuz aus dem selben Motiv der Erdbebenhilfe an den Zelten interessiert sei.

100.000 Schilling, das war fast so viel, wie damals ein VW Golf kostete. Aber es ging ja „nur" um eine Garantie, die eigentliche Kaufsumme würde irgendwann aus der Erdbebenhilfe des Staates beglichen werden. Es war ein Dienstag, und im Grazer Landhaus tagte der steirische Landtag. Ich wusste, dass einige der Abgeordneten hohe Funktionäre der Wirtschaftskammer waren – und sie wollte ich für die Sache gewinnen. Neben einem der prachtvollen Barocköfen des Sitzungssaales erläuterte ich den Herren flüsternd das Anliegen. Da blickte einer von ihnen in die Runde und sagte: „Wir können doch eigentlich als beschlussfähiger Vorstand der Wirtschaftskammer gelten. Ich schlage vor, wir geben dem Herrn Redakteur die Zusage, dass die Kammer für die 100.000 Schilling geradesteht." So konnten die Malteser die Lage von vielen frierenden Familien in Süditalien wohl etwas lindern. Und ein weiteres Mal konnte ich erleben, dass in speziellen Situationen die sonst oft viel gescholtenen österreichischen Institutionen über ihren Schatten springen können.

Die ersten Migranten in Graz

Die Umbrüche in Europa und der Fall des Eisernen Vorhangs ab 1989 hatten eine neue Migration ausgelöst. So war Anfang der Neunzigerjahre eine große Zahl von Männern aus Ost- und Südosteuropa nach Graz gelangt, die sich und ihre daheim gebliebenen Familien mit Schwarzarbeit durchbringen wollten. Diese Männer waren durch den Zusammenbruch der kommunistischen Regime arbeitslos geworden, kein Eiserner Vorhang hinderte sie auf dem Weg in den Westen, sie waren illegal da und hatten kein Geld für eine Unterkunft. Es verstörte manche Bürger in Graz, im Stadtpark oder entlang der Mur morgens plötzlich diese mitleiderregenden Gestalten auf Parkbänken zusammengekauert liegen zu sehen. Pfarrer Wolfgang Pucher von der Pfarre St. Vinzenz im Westen von Graz und die Grazer Vinzenzgemeinschaft starteten 1993 das „Vinzinest", ein Nachtasyl, das etwa 40 Männern nachts in einer aufgelassenen kleinen Firmenhalle ein Bett, eine Dusche und etwas zu essen bot.

Wegen meiner Arbeit für die Malteser entstand ein Kontakt, und ich begann, einen Kreis von Freunden aus dem Umfeld der Malteser, aber auch aus meinem privaten und journalistischen Bekanntenkreis, für Nachtdienste im Vinzinest zu gewinnen. Wir wollten daraus eine Art Botschaft des guten Willens machen. Deshalb gehörte der Dritte Landtagspräsident von der ÖVP, Hans Kinsky, genauso dazu wie die Klubobmänner von SPÖ und ÖVP im Grazer Gemeinderat, Karl-Heinz Herper und Peter Piffl-Perčević, oder der Anwalt und frühere Landesparteisekretär der ÖVP, Candidus Cortolezis. Einen FPÖ-Politiker, der für Ausländer so etwas tun wollte, habe ich nicht für das Vinzinest gewinnen können. Dafür Männer wie die

Grazer Steuerberater Thomas Corti und Wolfgang Korp, den Architekten Karl-Emmerich Liebe-Kreutzner, den Kaufhausmanager Franz Harnoncourt-Unverzagt, die Unternehmer Gilbert Frizberg, Ulfried Hainzl und Georg Reutter, die Angestellten Alfred Tschandl und Paul Weingraber, den Biologen Karl Crailsheim, den Juristen Otto Fraydenegg-Monzello, die Gutsbesitzer Vincenz Liechtenstein und Franz Kesselstatt, den Kaisersspross Peter Hohenberg oder die Landesbeamten Michel Seidl, Bernhard Strachwitz und Richard Wittek-Saltzberg.

Durch einige Jahre – jede Nacht von Mittwoch auf Donnerstag – versah einer aus dieser Gruppe Dienst im Vinzinest. Die ausländischen „Vinzischläfer" hatten eine Art Ausweis, der sie zum Eintritt berechtigte. Die ganze Angelegenheit war ziemlich halblegal, weil viele der Männer keine Aufenthaltsberechtigung hatten. Es gab aber ein Arrangement mit der Polizei: Die konnte mit den Männern den ganzen Tag verfahren, wie sie wollte, nur vom Vinzinest sollte sie sich von sieben Uhr am Abend bis sieben in der Früh fernhalten. Wir ehrenamtlichen Vinzi-Dienstler sahen während der Nacht nach dem Rechten, achteten darauf, dass die Männer nicht mit brennender Zigarette einschliefen, und überwachten die Reinigung der Duschen und Toiletten. Noch heute, viele Jahre später, habe ich diesen eindringlichen Geruch von schlafenden Männern, abgestandenem Zigarettenrauch und einem erbärmlich rußenden Ölofen in der Nase.

An dieser Stelle verhehle ich nicht den Grund, warum ich mein Engagement im Vinzinest Jahre später einstellte. Mit der Demokratie in den früheren Ostblockländern veränderten sich die Migrationsströme und die Motive der Zuwanderung. Bald waren es nur noch Bettler aus der

Slowakei, die das Vinzinest aufsuchten. Mir widerstrebt es, Betteln als normale Einkommensbeschaffung zu verstehen. Aber selbstverständlich war mit dem Ende der Nachtdienste im Vinzinest nicht Schluss für meine Freunde und mich. Eine Zeit lang verrichteten wir noch ähnliche ehrenamtliche Tätigkeiten in einem Haus der Caritas, in dem minderjährige Flüchtlinge untergebracht waren.

Das Vinzinest hat sich bewährt, weil es in Graz und der Steiermark ein Bewusstsein für die Not der Menschen schuf und die Obdachlosigkeit gewissermaßen kanalisierte. Und lange, bevor die Migration für viele zu einem Problem wurde, erwarben einige Bürger ein Gespür für diese Entwicklung und ihre Notwendigkeiten.

Das Fundament der Redaktion

Was ich hier berichte, war nie losgelöst von meinem Beruf möglich. Manches hätte ich ohne die Arbeit bei der *Kleinen Zeitung* gar nicht schaffen können. Für manche Unterstützung bin ich ebenso dankbar wie für das Umfeld, in dem ich an Themen arbeiten konnte, die mir am Herzen lagen. Dazu gehört auch das Bewusstsein, dass es in der Führung und im Alltag der Redaktion so etwas wie ein christliches Fundament gibt. Journalismus habe ich hier nie als Geschäft mit Nachrichten und Inhalten erlebt, als bloße Wiedergabe des Geschehens ohne Reflexion. Mit schöpferischem Gespür, Neugier und Nachdruck und auf einer weltanschaulichen Grundlage machen sich die Kollegen auf die Suche nach dem Leben.

Auch mich treibt primär Neugier an, wenn ich andere Wege als die üblichen zu gehen versuche, mich an Grenzen herantaste, mich auf die Suche nach den Lesern mache und sie zwischen den Zeilen manchmal zu neuen Horizonten führen möchte. Dazu gehören die Lust am Denken und am Formulieren, am Erklären der Dinge, am Erhellen von Zusammenhängen, am Ausloten der Grenzen, am Sichtbarmachen von Verborgenem und am Auflösen von Widersprüchen.

Mit großer Dankbarkeit blicke ich auf diese Stationen, die zusammen die Fülle meines Lebens und dieses Berufes abbilden. Die Arbeit bei der *Kleinen Zeitung* und das Engagement in anderen Bereichen war nie möglich ohne die Familie, die Kollegen und viele Begleiter. Es mag so scheinen, dass manchmal Bemerkenswertes gelungen ist, aber der Schein trügt. Mein Beruf als Journalist bringt es eben mit sich, dass die Ergebnisse meiner Arbeit und manche Stationen meines Lebens in der Öffentlichkeit sichtbar werden, auch wenn sie nicht der Rede wert sind. Dagegen bleibt Millionenfaches unerwähnt, das stille Helden des Alltags tagtäglich tun, ohne dass die Fühler der Medien ihre Taten aufspüren.

Mit Sicherheit habe ich mich bei vielen Zeitgenossen manchmal unbeliebt gemacht. Habe ich dabei Grenzen überschritten, bitte ich nachträglich um Vergebung. Zum Abschluss will ich den Kollegen in der *Kleinen Zeitung* aber doch noch einmal auf die Nerven gehen. In der Zeitung und auf allen elektronischen Plattformen gibt es ständig hochwertige Information, Reflexion und alles, was zum modernen, zukunftsträchtigen Journalismus dazugehört. Aber es gibt so wenig zu schmunzeln oder zu lachen.

Personenregister

Hannes Androsch, geb. 1938. Finanzminister 1970 bis 1981 (SPÖ), Generaldirektor der Creditanstalt 1981 bis 1988, Investor. | **Heribert Apfalter,** 1925–1987. Generaldirektor der Voest-Alpine 1977 bis 1985. | **Gerd Bacher,** 1925–2015. Mit Unterbrechungen Generalintendant des ORF zwischen 1967 und 1994. | **Karl Blecha,** geb. 1933. SPÖ-Politiker, Innenminister 1983 bis 1989 (SPÖ). | **Willi Brandt,** 1913–1992. Deutscher Bundeskanzler 1969 bis 1974, Sozialdemokrat. | **Fritz Csoklich,** 1929–2009. Chefredakteur der Kleinen Zeitung 1960 bis 1994. | **Alfred Dallinger,** 1926–1989. Gewerkschafter, Sozialminister 1980 bis 1989 (SPÖ). | **Günter Dörflinger,** geb. 1957. Steirischer Landesrat 1996 bis 2003 (SPÖ). | **Peter Esterhazy,** geb. 1950. Ungarischer Buchautor. | **Karl Farkas,** 1893–1971. Wiener Kabarettist („Simpl", ORF). | **Franz Fischler,** geb. 1946. Landwirtschaftsminister 1989 bis 1994 (ÖVP), Mitglied der EU-Kommission 1995 bis 2004. | **Anton Gatnar,** geb. 1946. Journalist und Medienexperte, ORF-Redakteur 1970 bis 1976, Geschäftsführer Radio Stephansdom 1989 bis 2013. | **Josef Gruber,** 1925–2013. Betriebsrat und Gewerkschafter, steirischer Landesrat 1962 bis 1988 (SPÖ). | **Jörg Haider,** 1950–2008. Mit Unterbrechungen Kärntner Landeshauptmann 1989 bis 2008 (FPÖ und BZÖ). | **Helmut Heidinger,** 1922–2004. Manager, steirischer Landesrat 1983 bis 1986 (ÖVP). | **Andrea Herberstein,** geb. 1953. Schloss- und Tierparkmanagerin. | **Gerhard Hirschmann,** geb. 1951. Steirischer Landesrat 1993 bis 2003 (ÖVP), Parteireformer. | **Annelie Hochkofler,** geb. 1952. Kulturexpertin der steirischen Landesregierung, Organisatorin erfolgreicher Ausstellungen des Landeszeughauses im Ausland. | **Lee Iacocca,** geb. 1924. Amerikanischer Manager, zweimaliger Retter des Chrysler-Konzerns. | **Richard Kirchweger,** geb. 1933. Manager, Generaldirektor der Chemie-Linz-AG 1983 bis 1985. 1985 einige Wochen Generaldirektor der Voest-Alpine. | **Waltraud Klasnic,** geb. 1945. Steirische Landesrätin ab 1988, Landeshauptfrau 1996 bis 2005 (ÖVP). | **Christoph Klauser,** 1924–2009. Steirischer Landesrat 1970 bis 1991 (SPÖ). | **Josef Kowald,** geb. 1948. Landwirt, Agrarfunktionär, steirischer Landtagsabgeordneter 1991 bis 1996 (ÖVP). | **Josef Krainer,** geb. 1930. Steirischer Landesrat 1971 bis 1980, Landeshauptmann 1980 bis 1996 (ÖVP). | **Bruno Kreisky,** 1911–1990. Mitglied der Bundesregierung 1951 bis 1966, Bundeskanzler 1970 bis 1983 (SPÖ). | **Mario Kunasek,** geb. 1976. Nationalratsabgeordneter 2008 bis 2015, steirischer Landtagsabgeordneter seit 2015 (FPÖ). | **Ferdinand Lacina,** geb. 1942. Mitglied der Bundesregierung ab 1982. Finanzminister 1986 bis 1995 (SPÖ). | **Herbert Lewinsky,** 1928–1994. Manager. Generaldirektor der Voest-Alpine 1986 bis 1988. | **Methusalix,** 119–41 vor Chr. (?). Migrationseperte in einem gallischen Dorf. | **Alois Mock,** geb. 1934. Bundesparteiobmann der ÖVP 1979 bis 1989. Außenminister und Vizekanzler 1987 bis 1995. | **Friedrich Niederl,** 1920–2012. Steirischer Landeshauptmann 1970 bis 1980 (ÖVP). | **Herbert Paierl,** geb. 1952. Manager. Steirischer Landesrat 1996 bis 2004 (ÖVP). | **Olof Palme,** 1927–1986. Mit Unterbrechungen schwedischer Ministerpräsident 1969 bis 1986, Sozialdemokrat. | **Hubert Patterer,** geb. 1962. Chefredakteur der Kleinen Zeitung seit 2006. | **Peter Pilz,** geb. 1954. Mit Unterbrechungen seit 1986 Nationalratsabgeordneter (Grüne). | **Wolfgang Pucher,** geb. 1939. Katholischer Priester, Pfarrer von St. Vinzenz in Graz, Aktivist für die Ärmsten. | **Claus Raidl,** geb. 1942. Manager, Sanierer von Unternehmen der verstaatlichten Industrie. Generaldirektor der Böhler-Uddeholm AG 1991 bis 2010. Vorsitzender des Generalrates der Oesterreichischen Nationalbank. | **Alois Rechberger,** 1935–2009. Betriebsrat und Gewerkschafter. Nationalratsabgeordneter 1975 bis 1987 (SPÖ). Präsident der Arbeiterkammer Steiermark 1987 bis 1990. | **Hans-Joachim Ressel,** geb. 1943. Betriebsrat, steirischer Landesrat 1991 bis 2000 (SPÖ). | **Barbara Rosenkranz,** geb. 1958. Abgeordnete zum niederösterreichischen Landtag und zum Nationalrat 1993 bis 2008, niederösterreichische Landesrätin 2008 bis 2013 (FPÖ). | **Franz Ruhaltinger,** 1927–2014. Betriebsrat und Gewerkschafter, Vorsitzender des Zentralbetriebsrats der Voest-Alpine 1977 bis 1987, Nationalratsabgeordneter 1979 bis 1990 (SPÖ). | **Peter Schachner-Blazizek,** geb. 1942. Universitätsprofessor, Generaldirektor, Steirischer Landeshauptmann-Stellvertreter 1990 bis 2002 (SPÖ). | **Bernd Schilcher,** 1940–2015. Universitätsprofessor. Steirischer Landtagsabgeordneter 1974 bis 1991 (ÖVP). | **Michael Schmid,** geb. 1945. Architekt. Steirischer Landesrat 1991 bis 2000, Verkehrsminister 2000 (FPÖ). | **Helmut Schmidt,** geb. 1918. Deutscher Bundeskanzler 1974 bis 1982, Sozialdemokrat. | **Hermann Schützenhöfer,** geb.

1952. Steirischer Landesrat 2000 bis 2005, Landeshauptmann-Stellvertreter 2005 bis 2015, Landeshauptmann seit 2015 (ÖVP). | **Arnold Schwarzenegger,** geb. 1947 in Thal bei Graz. Gesundheitsaktivist und Schauspieler, Gouverneur von Kalifornien 2003 bis 2011. | **Karl Sekanina,** 1926–2008. Gewerkschafter, Bautenminister 1979 bis 1985 (SPÖ). | **Fred Sinowatz,** 1929–2008. Pädagoge. Unterrichtsminister 1971 bis 1983, Bundeskanzler 1983 bis 1986 (SPÖ). | **Kuno Spiegelfeld,** 1917–2004. Manager. Generaldirektor der Leykam-Mürztaler AG 1973 bis 1981. | **Josef Staribacher,** 1921–2014. Gewerkschafter, Handelsminister 1970 bis 1983 (SPÖ). | **Alois Stöger,** geb. 1960. Gewerkschafter, seit 2008 erst Gesundheits-, dann Verkehrsminister (SPÖ). | **Peter Strahammer,** 1944–2001. Manager, Sanierer von Unternehmen der verstaatlichten Industrie. Generaldirektor der Voest-Alpine 1994 bis 2001. | **Frank Stronach,** geb. 1932. Industrieller, Gründer von Magna International, einem weltweit bedeutenden Konzern der Autozulieferindustrie. | **Rudolf Streicher,** geb. 1939. Manager. Generaldirektor der verstaatlichten Austria Metall AG 1981 bis 1986, Generaldirektor der Steyr-Daimler-Puch AG 1992 bis 1998. Verkehrsminister 1986 bis 1992 (SPÖ). | **Friedrich Torberg,** 1908–1979. Österreichischer Schriftsteller, Publizist, Übersetzer (Ephraim Kishon). | **Kriemhild Trattnig,** geb. 1937. Kärntner Landtagsabgeordnete 1979 bis 1992 (FPÖ). | **Kurt Vorhofer,** 1929–1995. Gründer und Leiter der Wiener Redaktion der Kleinen Zeitung 1959 bis 1994. Chefredakteur-Stellvertreter. Namensgeber des Kurt-Vorhofer-Journalistenpreises. | **Franz Voves,** geb. 1953. Manager, steirischer Landeshauptmann-Stellvertreter 2002 bis 2005, Landeshauptmann 2005 bis 2015 (SPÖ). | **Franz Vranitzky,** geb. 1937. Manager. Generaldirektor der Länderbank 1981 bis 1984, Finanzminister 1984 bis 1986, Bundeskanzler 1986 bis 1997 (SPÖ). | **Kurt Wimmer,** geb. 1932. Chefredakteur-Stellvertreter der Kleinen Zeitung 1964 bis 1994. Chefredakteur 1995 bis 1997. | **Gerhard Wlodkowski,** geb. 1948. Landwirt. Präsident der Landwirtschaftskammer Steiermark 1993 bis 2013, Präsident der Landwirtschaftskammer Österreich 2007 bis 2014. | **Erwin Zankel,** geb. 1941. Chefredakteur-Stellvertreter der Kleinen Zeitung 1995 bis 1997, Chefredakteur 1998 bis 2006.